AF453101

PIÈCES HISTORIQUES

RARES OU INÉDITES,

POUR SERVIR A L'INSTRUCTION

DU TEMPS PRÉSENT.

LES HOMMES

DE LA RÉVOLUTION

PEINTS D'APRÈS NATURE,

PAR COSTE D'ARNOBAT.

A PARIS,

21 JANVIER MDCCCXXX.

Cette Pièce est de M. Coste d'Arnobat, *ancien gendarme de la maison de*
Louis XV.

Elle a été imprimée (fin d'août 1793*)*
*sous le titre d'*Anecdotes curieuses et
peu connues, *etc., mais avec beaucoup*
de changemens.

Je l'ai copiée sur l'original de l'auteur,
qui l'a brûlée immédiatement après.

Signé MÉON,

Ancien Employé de la Bibliothéque du Roi,
Division des Manuscrits.

Coste d'Arnobat, ancien gendarme de la maison de Louis XV, est mort à Paris, vers 1810. Il est auteur de plusieurs ouvrages anonymes révélés dans le *Dictionnaire des ouvrages anonymes et pseudonymes* de Barbier; mais on n'y trouve pas mentionné l'écrit intitulé *Anecdotes curieuses et peu connues*, réimprimé ici dans toute l'intégrité du manuscrit primitif de l'auteur, sous ce nouveau titre : *Les Hommes de la révolution peints d'après nature*. Le nom de Coste d'Arnobat ne figure dans aucun des Dictionnaires historiques ou Biographies universelles que l'on a consultés. Voici les titres de ses ouvrages insérés dans le *Dictionnaire des Anonymes :* — Doutes d'un Pyrrhonien proposés amicalement à J.-J. Rousseau. *Paris,* 1753, in-8º de 36 p. — Lettres sur le voyage d'Espagne. *Pampelune* (Paris), 1756, in-12. — Lettre sur le spectacle du chevalier Servandoni, à madame D. L. M. (1757), in-12. — Nouvelles espagnoles de Michel de Cervantes, traduction de Lefebvre de Villebrune. *Paris,* 1775, 2 vol. in-8º. (Les deux premières Nouvelles ont été traduites par Coste d'Arnobat.) — Voyage au pays de Bambouc, suivi d'observations sur les castes indiennes. *Bruxelles,* 1789, in-8º. — Mémoires de Marie-Françoise Duménil, en réponse aux Mémoires d'Hippolyte Clairon. *Paris, an* VIII (1800). — Nouvelles imitées de Cervantes et autres auteurs espagnols. *Paris,* 1802, 2 vol. in-12. — Essai sur de prétendues Découvertes nouvelles, dont la plupart sont âgées de plusieurs siècles. *Paris,* 1803, in-8.

AVERTISSEMENT

DE L'AUTEUR.

On sait que Robespierre, et ensuite Fouquier-Tinville, étoient venus à bout d'enchaîner la presse, moyennant cette formule si commode pour ces deux scélérats, lors même qu'on n'attaquoit que l'opinion de quelques individus : *Coupables d'écrits incendiaires, tendans à avilir la représentation nationale et les autorités constituées.* Au moment où presque tous les gens de lettres furent obligés de brûler leurs manuscrits, c'est-à-dire à l'époque où le gouvernement révolutionnaire commença à déployer toutes ses fureurs, cet opuscule échappa, derrière une vieille tapisserie, à la visite de cette horde de voleurs et d'assassins, connus sous le nom de *comités révolutionnaires.* Nous le donnons aujourd'hui au public, pour lui faire voir qu'aucun des scélérats qui ont dévasté et inondé de sang ce bel empire, n'avoit pu dérober ses infâmes projets à l'œil observateur des gens de lettres. C'étoit parce qu'il redoutoit leur surveillance, et qu'ils n'avoient pas eu la bassesse de le louer, que Robespierre osa s'écrier dans un de ses discours : *Que les gens de lettres s'étoient déshonorés pendant la révolution ;* reproche bien glorieux pour tous les écrivains françois, dont aucun, ce qui est sans exemple dans l'histoire des conspirateurs, ne s'est souillé de l'opprobre de flatter cet ennemi du genre humain.

Le lecteur *bénévole* observera sans doute que si j'avois

mis en lumière ce petit pamphlet lorsqu'il fut achevé, et rejeté par deux imprimeurs, peu de temps après l'expédition de Charlotte Corday, j'aurois certainement été guillotiné, pour venger la cause d'une bande de coquins qui l'ont tous été ou qui vont l'être.

———

De ce bel art par Ésope inventé,
La Fontaine tirant une gloire nouvelle,
   Pour enseigner la vérité
Se servoit d'un renard, d'un loup, d'une hirondelle :
Pour donner aux François une utile leçon,
   Moi je me sers d'une chanson.

En me chantant il me lira,
  Ce peuple fou qui se croit sage :
Sans les couplets dont il rira
  Peut-être il n'eût pas lu l'ouvrage.

———

HYMNE PATRIOTIQUE.

Sur l'air des Pendus.

J'appelle un chat un chat, et Rolet un fripon.

***

Or écoutez, ô Nation,
La grande constitution, (1) *
Ce chef-d'œuvre de politique
De la moderne République; (ii)
Mais on dit que c'est nous donner
De la moutarde après dîner.

En la traduisant en françois
La pièce auroit quelque succès : (iii)
Nous avons vu la sœur aînée
Par Target bien mieux atournée;
A deux ans on la viola;
La cadette ira-t-elle là?

Nous mourons de soif et de faim;
Mais notre code est mis à fin :

* Voyez les Notes à la suite de l'Hymne.

Célébrons, dans notre allégresse,
De nos députés la tendresse :
Ils ont voulu donner des lois,
Fût-ce seulement pour six mois. (IV)

Monsieur Hérault, le rédacteur
De cet écrit restaurateur,
Jadis un sot (V), est un oracle :
La Montagne a fait ce miracle,
L'illuminant des rayons d'or
Qu'on vit briller sur le Tabor.

Pourquoi choisir cet homme-là?
Thuriot vous répond à cela :
Quoique aussi sot que Grangeneuve,
En fait de code il a fait preuve :
Avec Villette il rédigea
Celui qu'à Sodome on forgea. (VI)

Salut donc, ô monsieur Hérault!
Ceci ne sent point le réchaud :

Il revient à résipiscence;
Il prêche les mœurs à la France.
Père Chabot en pleure; il craint
Qu'on ne déporte sa putain. (VII)

Danton, Lacroix, ont deviné
Que le vol seroit condamné :
Ils ont volé, dans la Belgique,
Église, palais et boutique, (VIII)
Avant de faire avec les leurs
La loi qui punit les voleurs.

Tandis que nous sommes en train,
Chantons sur le même refrain
Tous les *meneurs* de cette horde
Avant qu'ils dansent sous la corde :
Car la charité nous défend
De nous moquer de ceux qu'on pend.

Que dire de l'écervelé
Dont l'oncle fut écartelé?

Damiens fit voir un grand courage ;
Robespierre en a bien la rage ; (ix)
Mais l'impudent petit gredin
Frémit à l'aspect d'un gourdin.

Sans-culottes, votre orateur (x)
Ne respire que la fureur :
J'attends ce héros à la Grève ;
Préparez-vous , l'orage crève,
Tant sera son cœur en défaut,
A le porter sur l'échafaud.

Le drôle écrit, en attendant,
A maint et maint département
Qu'on a rétabli l'équilibre,
Que la Convention est libre ;
Et je le crois comme il le dit :
Car personne n'y contredit. (xi)

De deux villes chassé pour vol ,
Sur Paris dirigeant son vol ,

D'Herbois, qui sous sa redingote
Emportoit la vaisselle à l'hôte, (xii)
François, à ta confusion,
Préside la Convention.

Chabot, l'aumônier des bordels, (xiii)
N'employoit pas des moyens tels :
Il vole avec plus de tactique.
Voici quelle étoit sa rubrique
Pendant tout son proconsulat,
Pour exercer le péculat :

Un jour ce bouc sacerdotal,
Commissaire national,
Arrive en une grande ville :
Il fait arrêter à la file
Aristocrate, feuillantin,
Gens suspects, et tout brissotin. (xiv)

Bientôt, sans rime ni raison,
On les conduit tous en prison :

Chacun, craignant la guillotine,
Fait offrir à la gourgandine (**xv**)
De l'effroyable capucin
Or, argent, assignats, écrin.

La gourgandine intercédoit;
Le capucin la gourmandoit:
On marchanda la nuit entière;
Il cède enfin à sa prière
La liberté des détenus,
Qui leur coûta vingt mille écus.

Barrère, seigneur de Vieussac, (**xvi**)
A plusieurs pièces dans son sac:
Aujourd'hui pour la république,
Ce caméléon politique
Fut royaliste et feuillantin....
Dieu nous préserve de sa fin!

Notre politique impuissant
Ne répugne à rien; mais souvent

A ce tigre couleur de rose
De courage il manque une dose :
Pour peindre en deux mots le vaurien,
Le Barrère est tout et n'est rien.

Le plus dégoûtant scélérat
(Vous devinez que c'est Marat), (xvii)
Tout en menaçant de la pique
Les riches de la République,
Sous le nom de monsieur *Deschamps,*
Achète maisons, prés et champs. (xviii)

Pour aller piller le pays,
Il n'oseroit quitter Paris :
Partout il craint qu'on ne l'accroche;
Mais Bouchot' lui remplit la poche,
Et ce ministre intelligent
Est protégé pour notre argent. (xix)

Nous en étions à ce couplet,
Lorsqu'on lui coupa le sifflet.

Déplorons sa triste aventure :
Quels regrets, ô race future,
Qu'il se soit dérobé dans l'eau
A l'accolade du bourreau!

Des siens, quoiqu'il fût le mépris, (xx)
Vous allez les voir tous épris
De ce parangon du civisme,
Consacrer son patriotisme,
Et rendre des honneurs divins
Au Cerbère des Jacobins.

D'Églantine le gazetier (xxi)
Prend déjà sa plume d'acier :
Avec sa candeur ordinaire
Il va nous peindre son confrère,
Et travestir dans son adieu
Le monstre mort en demi-dieu.

Vil histrion (xxii), petit brigand,
Cœur faux et bas, lâche intrigant,

Tu crois, dans ton libelle infâme,
Dispenser la gloire et le blâme :
Bientôt tu changeras de ton,
J'en ai pour garant un bâton.

Danton, ce muffle de damné,
Par la nature condamné
A porter ce masque effroyable (xxiii)
Que n'oseroit porter le diable,
Est seul digne de louanger
Le héros qu'on vient d'égorger.

Et vous, l'honneur du cotillon,
Soit en pierrot, soit en haillon,
Recevez aussi mes hommages :
Malgré vos bruyans caquetages,
Vos cris aigus et vos fureurs,
Vous valez bien nos orateurs.

Dans la chaleur de vos débats,
Souvent vous barbouillez le cas :

Je sens, trop aimable assistance,
Le charme de votre présence ;
Mais, pour plus nettement parler....
Lavez-vous donc avant d'entrer. (xxiv).

De ses forfaits il a le prix,
Le digne maire de Paris : (xxv)
Quoiqu'il ait les visières nettes,
Le maraud porte des lunettes,
Pour dérober au connoisseur
De ses yeux toute la noirceur.

Le petit avocat Goyer, (xxvi)
Jadis sans cause et sans dossier,
De la justice il est ministre :
Voyez sa figure sinistre,
Vous y lisez que le destin
Le fit pour être jacobin. (xxvii)

Vous fûtes moine, ami Chaumet ; (xxviii)
Pourquoi donc niez-vous le fait?

Redoutez-vous les paraphrases
Que font des railleurs sur des vases
Qu'on trouva de moins au couvent
Quand vous mîtes la voile au vent.

Hébert, adjudant du syndic,
Depuis long-temps homme public,
. Ouvroit les loges à la foire;
Jugez s'il entend le grimoire :
Rien n'apprend comme ce début
A devenir bon substitut.

Il seroit encore au tripot,
S'il n'eût emporté le magot;
Mais l'honneur de dame Justice
Lui fit quitter son bénéfice :
Nous devons ce grand magistrat
A ce bienheureux altercat.

Dartygoite, Danton, Chabot,
Le Gendre, d'Herbois, Thuriot,

Barrère, Saint-Just, Bentabole,
Talien, Bazire, Couthon, Meaule,
Albit, Cambon, Clootz, Desmoulin,
Crancé, Panis, Sergent, Merlin.

Bellegarde, Prieur, Bourdon,
Rewbell, Billaud, Camus, Fréron,
Lejeune, David, Robespierre,
D'Églantine, Coulon, Pénière,
Chambon, Carnot, Breard, Dubois,
Lecointre, Malarmé, Lacroix.

Si je ne puis vous nommer tous,
Amis, n'en soyez point jaloux :
Marchez, la gloire vous appelle ;
Hérault vous conduit à l'échelle....
Chrétiens, pour ces pauvres bandits,
Dites tous un *De profundis.*

NOTES

NOTE I.

La grande constitution.

Nul homme de bonne foi ne peut nier que les principes de cette constitution ne soient des vérités éternelles, gravées par l'Être suprême dans le cœur de tous les hommes ; que ces principes ont pour base la raison et la justice, et qu'ils ont été connus dans tous les siècles par les philosophes et par les grands poètes de toutes les nations.

NOTE II.

Ce chef-d'œuvre de politique
De la moderne République.

La République, le seul gouvernement fait pour des hommes incontestablement nés libres et égaux; la République, qui sera avant dix ans, malgré les dernières convulsions de tant de despotes, et nos barbares extravagances, le gouvernement universel de l'Europe.

NOTE III.

En la traduisant en françois,
La pièce auroit quelque succès.

Cette constitution est très mal écrite; mais plût à Dieu qu'elle le fût encore plus mal; et qu'il fût aussi certain qu'elle nous régira, qu'il l'est pour tous les clairvoyans qu'elle ne nous régira point encore, et qu'il y aura un gouvernement intermédiaire entre cette constitution et l'anarchie où nous sommes.

Le style de la constitution rédigée par le ci-devant *maître* Target, étoit entortillé, obscur, abstrait, et quelquefois emphatique, qualités distinctives de la prose de cet étrange académicien; mais il n'étoit point plat comme celui de la sœur cadette.

Note iv.

Ils ont voulu donner des lois,
Fût-ce seulement pour six mois.

J'ai dit six mois par bienséance, et par respect pour cette constitution, dont la jouissance va nous échapper. La durée *actuelle* de notre République est d'une impossibilité absolue : la constitution va mourir au berceau ; les principales causes de cette mort, aussi prématurée que funeste, sont l'effroyable corruption de nos mœurs, l'ineptie et la scélératesse de la plupart des administrateurs, l'aveuglement et le délire des administrés, le pouvoir et *le nombre excédant des municipalités*, l'état vraiment déplorable de la chose publique (1), l'égoïsme universel et

(1) Nous ne faisons qu'entrevoir la plaie de l'État ; on cache tout ce qui peut se cacher, et ce chaos est impénétrable : mais lorsqu'en définitif il faudra changer de régime, la première opération des nouveaux administra-

l'inexistence de tout patriotisme : il n'y en a point sans probité ; Paris, surtout, qui fait un étalage si fastueux de son civisme, est de toutes les villes de France celle où l'on en trouve le moins, parce qu'elle est la plus corrompue. Tel citoyen, possédé du démon *jacobite*, vole tous les jours la République tant qu'il peut, et se croit patriote, parce qu'à l'abri de ses simagrées, de ses fureurs, de son bonnet rouge, de ses cheveux plats et de sa grossière insolence, il est devenu le tyran de ceux qui n'adoptent pas, sans exception, tout ce que son imagination en délire lui présente d'idées plus atroces, et plus absurdes les unes que les autres. J'ai vu le moment où

------

teurs sera nécessairement de sonder la profondeur de cette plaie, et de donner un état de situation. C'est alors que les cheveux dresseront à la tête, et que l'indignation qu'exciteront tant d'inepties, tant de crimes et tant d'insolentes prétentions, sera universelle : il n'y aura plus alors, mais trop tard, qu'un parti, celui des opprimés.

l'on auroit été taxé d'aristocratie par ces vénérables patriotes, si l'on s'étoit avisé d'im-
prouver cette belle motion qui fut faite aux
Jacobins, de *régénérer* la France en égorgeant
tous les individus mâles et femelles au-dessus
de cinquante ans.

Nous ne parlerons ici ni de la classe nom-
breuse qui vend son opinion pour quarante
sous, ni des *patriotes* marchands, depuis celui qui vend des allumettes jusqu'à celui qui
trafique en pierreries (1) : les uns et les au-

---

(1) Les patriotes charbonniers ne veulent pas que
ceux qui achètent du charbon aient le droit de l'empor-
ter, et ils exigent pour le portage un prix qui double la
valeur de ce combustible si nécessaire; d'où il suit qu'ils
s'arrogent le privilége exclusif du transport, et qu'ils
sont coupables de péculat par l'impôt qu'ils ont établi
sur le portage. Il faudra finir par punir des charbonniers du délit dont les administrateurs sont seuls coupables.

Les patriotes scieurs de bois osent demander 8 livres
pour scier une voie de bois de poêle; il faut trois coups

tres bâtissent également leur fortune sur toutes les calamités publiques. Pauvres gens! Et vous vous croyez dignes d'être des vrais

---

de scie par bûche. Ce travail valoit ci-devant 3o sous; il doit être payé plus cher sans doute, grâce à toutes les inepties de Cambon et du comité des finances. On sait l'horrible scène qui s'est passée, le 27 de ce mois, rue de Ménilmontant, parce qu'un citoyen tabletier, assurément très raisonnable, n'a voulu payer que 4 livres pour le sciage de la voie, prix excédant la proportion de celui des denrées.

Les patriotes fruitiers et grosses fruitières envoient des agens au-devant des charrettes de légumes, qu'elles accaparent pour vendre un chou 20 sous, et une laitue 6 sous.

Tous les patriotes boulangers, les bouchers et les épiciers, vendent à faux poids, ce qui augmente encore de beaucoup le prix effrayant des denrées.

Les patriotes marchands de vin, empoisonneurs publics, mais qui savent soudoyer à propos les *édiles*, vendent de l'eau de puits amalgamée avec une petite quantité de gros vin et des drogues mortifères, au lieu de cette liqueur bénigne si nécessaire au délassement, à la

républicains ! On voit bien que vous ne savez pas même ce que c'est que le régime austère des lois et de la liberté. Vos agitateurs se sont

---

consolation et à la santé de cette classe de citoyens si précieuse, si respectable des artisans, etc., etc. Vils brigands ! et vous voulez vous mêler de gouverner ? Vous ne connoissez pas même l'art de jeter un voile sur vos rapines ; vous êtes assez féroces et assez bêtes pour prétendre jouir seuls.

Jacobins, convenez (vous ne pouvez résister à l'évidence) que si, au lieu de parler sans cesse au peuple de ses droits, afin de lui faire prendre pour la liberté la licence dont vous aviez besoin, vous lui aviez fait connoître ses devoirs, nom que jamais Marat, Hébert et tous vos journalistes n'ont prononcé, ce peuple, objet de votre culte imposteur, ne croupiroit pas dans l'ignorance barbare qui lui fait violer toutes les lois, selon ses intérêts.

Vous aurez beau alléguer ce prétexte parasite de votre scélératesse, que ces calamités sont les suites inévitables d'une révolution ; je réponds que c'est précisément ce qui vous auroit engagé à multiplier, à épuiser les remèdes, si vous aviez été d'honnêtes gens ; je réponds

bien gardés de vous l'apprendre ; si vous le connoissiez, vous le fuiriez, pour me servir de l'expression de J.-J. Rousseau, *comme un fardeau prêt à vous écraser*.

On ne peut se dissimuler aussi que nous ne devions l'apparition subite de notre constitution, après tant de délais, à l'astuce du parti *montagnard* : il falloit ne pas donner le temps de réfléchir sur l'attentat commis contre la représentation nationale ; il falloit persuader au troupeau des dupes que la mar-

---

que si vous vous étiez donné, pour instruire *le peuple*, les mêmes soins que vous avez pris pour le pervertir, il seroit, après trois ans de malheurs et d'expérience, assez avancé en matières publiques pour savoir qu'il ne peut être heureux que par l'observance rigoureuse des lois, qui le conduiroit invinciblement à traiter ses concitoyens comme des frères, et à mettre lui-même un taux équitable à ses travaux et à son industrie : au lieu qu'il est aujourd'hui, par votre faute, l'instrument aveugle de toutes les calamités qui vont fondre sur sa tête, et dont, en définitif, il supportera tout le fardeau. Misérables !

che de la constitution n'avoit été entravée que par les députés proscrits , tandis que quinze jours auparavant *Robespierre*, pressé de s'expliquer sur l'anarchie, avoit dit en ma présence, *qu'un peuple libre n'avoit pas besoin de lois*. Au reste, la confection de la charte constitutionnelle, avec les données qui étoient entre les mains des rédacteurs, ne pouvoit être que le travail de huit jours : il n'y a point d'homme éclairé pour qui cela ne soit évident. Néanmoins cette charte seroit peut-être encore dans la poussière des comités, s'il n'eût été besoin de s'en faire tout à coup un bouclier contre l'indignation publique.

Quoi qu'il en soit, il n'en est pas moins vrai que les événemens du 31 mai et des jours suivans n'étoient pas le projet concerté chez Pache et dans les conciliabules jacobites, et dépisté par cette commission des douze, poursuivie ensuite avec un acharnement proportionné à sa bienheureuse surveillance ; il n'en est pas moins vrai que les cohortes des faubourgs arrivèrent dans Paris , persuadées, d'après les impostures des *meneurs monta-gnards,* que plusieurs sections de Paris avoient arboré la cocarde et le drapeau blanc. Il n'en est pas moins vrai que cette journée de-voit être une journée de carnage (1), et que les voitures de chaux pour consumer les ca-davres avoient été commandées et payées. Il n'en est pas moins vrai que le temple de la représentation nationale a été violé à force ouverte, et que, malgré la farce de la prome-

---

(1) Huit mille femmes, grand Dieu! étoient enrôlées pour massacrer. Elles se pourvoyoient de poignards chez le serrurier de la Monnoie, ami de Marat, à me-sure qu'on les fabriquoit. Il y en avoit déjà deux mille de distribués. Elles alloient ensuite par groupes s'enivrer aux Jacobins. Ce fait ressemble aux mensonges roma-nesques de l'imagination la plus noire et la plus déli-rante; et il est vrai. Où en êtes-vous, Parisiens? Voyez où, d'excès en excès, cinq ou six prédicans de la tribune des Jacobins vous ont conduits.

nade dans le jardin des Tuileries, pour prouver la liberté de l'assemblée, au moment où la Convention en corps voulut sortir, l'assassin *Henriot*, à la tête d'un grand nombre de satellites affidés, s'y opposa à main armée, et commanda aux représentans du peuple de rentrer, sous peine d'être massacrés. Nous avons été témoins de ces faits ; mais si les *sans-culottes* égarés s'étoient levés pour de l'argent, les citoyens *porte-culottes* s'étoient enfin levés pour défendre leurs propriétés et leur vie : force fut donc aux conspirateurs de changer tout à coup leur marche ; ils se bornèrent alors à faire demander, par le *prétendu souverain*, l'arrestation des députés *liberticides* et *royalistes*. On affecta de ne plus parler à la Convention que du respect des propriétés et des personnes. La commune tint le même langage ; *Chaumette* et *Hébert* s'y élevèrent pendant plus de huit jours, avec une sorte de fureur, contre toutes les motions incendiaires, qu'ils avoient tant applaudies

lorsqu'ils ne les faisoient pas eux-mêmes (1),
et l'on se hâta de jeter sur le tout le voile de
la Constitution.

Ce qui excita surtout l'indignation de tous
les vrais citoyens, c'est que, quelques jours
après, la *Montagne* et la municipalité ne dis-
simulèrent même plus leur impudence, leur
complicité et leur tyrannie. Tandis qu'elles
honoroient du nom de *révolution du 31 mai*

-----

(1) Cela est si vrai que, quelques jours auparavant,
une députation de furies étant venue à la commune faire
serment de respecter les propriétés, expliqua clairement
son opinion, en disant qu'elles ne connoissoient d'autre
propriété que l'existence du peuple, ce qui ne peut si-
gnifier autre chose que le droit de partager à volonté,
et selon le besoin, la propriété de son voisin. Hébert ne
fut pas des derniers à applaudir. Voilà la morale que ces
brigands inspirent à leurs victimes, tout en affectant ex-
térieurement, selon les circonstances, le plus grand respect pour les lois. Ils font néanmoins si peu de difficulté
de les outrager, que, huit jours après cette scène, Marat
imprima que le seul moyen de sauver la patrie, étoit

la révolte évidente d'un ramas de factieux
soudoyés; tandis que les cachets des admi-
nistrations et ceux qui servoient à violer ouvertement le secret des lettres portoient l'em-
preinte de ces mots, on vit, dans la séance de
la commune du 29 juin, plusieurs sections
réunies des faubourgs Saint-Antoine et Saint-
Marcel, nommées sans pudeur par les montagnards et par les municipaux, *le peuple
souverain*, venir demander au conseil général

---

de laisser le patriote *Henriot* maître absolu de prendre
dans Paris toutes les mesures qu'il jugeroit convenables.
Il ajouta qu'il ne se pouvoit agir de lois dans de telles
circonstances.

On entendit ensuite Hébert dire, le 29 mai, à huit
heures du soir, à la commune, que le peuple pouvoit et
devoit courre sur tous les membres de la commission des
douze; et trois jours après, lorsque les Jacobins furent
les maîtres, il se remit à prêcher le respect pour les
lois, c'est-à-dire pour les opérations ultérieures de la
faction jacobite. Que faut-il donc pour faire ouvrir les
yeux ?

la prompte répartition des sommes promises aux *sans-culottes* qui avoient pris les armes le 3 1 mai, et l'on entendit l'honnête substitut Hébert répondre qu'on s'occupoit de cet objet. Tout en disposant ainsi du trésor national pour soudoyer des rebelles, et faire la guerre à la nation, on ose imprimer ensuite que telle est la volonté du *peuple françois,* quitte à extorquer après coup, en faisant dénaturer les faits dans les départemens, par des adresses insidieuses et par des commissaires calomniateurs, des adhésions arrachées à force d'impostures, de supercheries et d'argent. Comment voudriez-vous qu'un tel gouvernement fût durable, quand même le corps politique, au lieu d'être à l'agonie, seroit dans toute sa vigueur?

Pendant ce tissu de forfaits, le comité de salut public préparoit son orviétan, et le rapporteur *Barrère* le débitoit avec effronterie dans la tribune de la Convention, en ces termes :

« Disons aux quatre-vingt-quatre départe-
« mens, qu'importe à la liberté publique le
« sort momentané de quelques hommes? Notre
« bonheur et celui de nos descendans doit-il
« dépendre de quelques individus? Des affec-
« tions locales doivent-elles étouffer la voix
« de la patrie déchirée par des factions liber-
« ticides (1), et qui demande à grands cris une
« constitution ? »

----

(1) Ces charlatans n'ont dans la bouche que les épithètes de liberticides, d'anarchistes, de fédéralistes, de
royalistes, tandis qu'il est de la dernière évidence que
les départemens coalisés et les députés proscrits ne
veulent que la liberté, les lois, la république, une et
indivisible, et qu'ils professent la haine des Rois, mais
aussi celle des tyrans populaires qui oppriment Paris,
surtout avec un sceptre de fer. Il n'y a point d'impostures dont ils ne s'avisent. Les Jacobins viennent de
faire empreindre, sur deux lames des sabres prétendus
pris aux rebelles du Calvados, cette inscription : *Vive
Louis XVII!* Ces deux pièces de conviction doivent
être déposées au comité de salut public.

primé par vous est le peuple qui se laisse
bercer de pareilles billevesées, ou qui vous
vend sa protection !

Quant à la partie des injures que vous pro-
diguez maintenant à des députés dont les
lumières et l'éloquence vous ont toujours con-
fondus, auprès de qui vous n'êtes que des pyg-
mées, et sur lesquels vous n'avez remporté
quelque avantage que par les intrigues les
plus criminelles et votre indifférence absolue
sur le choix des moyens, il ne faut que les
transcrire pour vous couvrir d'opprobre.

« L'impopularité du quiétiste *Pétion*, le ri-
« dicule orgueil du vindicatif *Buzot*, le fana-
« tisme de l'opiniâtre *Lanjuinais*, la jactance
« et la présomption de l'inexpert *Guadet*, l'in-
« solence de l'effronté *Barbaroux*, la cafardise
« du féroce *Duprat*, l'impudeur de *Salles*, la
« bassesse du vil *Gorsas*, etc. »

Voilà l'éloquence de Luther et de Calvin.
On pourroit, à plus juste titre, épuiser la
langue en votre faveur ; et ces députés, sur

qui vous jetez vos ordures, auroient le droit
de vous dire avec plus de laconisme et de vérité : *Vous êtes des voleurs et des assassins,*
et nous n'avons ni volé, ni assassiné.

Je me résume. Le produit net de cet énorme
chaos de manœuvres et de votre sublime la-
beur, doit être infailliblement, et tout à
l'heure, un nouveau régime et peut-être une
crise éphémère de despotisme : d'où il suivra
que, grâce à tant d'absurdités et de crimes,
nous aurons encore plusieurs révolutions à
essuyer avant de parvenir à un gouvernement
heureux et sage. Vous nous aurez arraché
l'occasion unique de fonder avec une masse
de moyens qu'il est désormais impossible de
réunir le plus florissant des empires. Notre
situation politique est beaucoup plus violente
que celle qui, sous l'ancien régime, a dû nécessairement opérer une révolution, et nous
avons de plus six guerres extérieures et une
guerre civile à soutenir : toutes ces calamités,
vous les avez produites. Au lieu d'aplanir la

carrière, vous l'avez encombrée. Peut-être l'expérience d'un aussi grand malheur apprendra-t-elle aux François qu'on ne fonde point sur des principes philosophiques une république aussi vaste que la nôtre sans des vertus, des mœurs, le sacrifice absolu des triomphes de l'envie, et celui des petites passions et de l'intérêt personnel; sans de la dignité, de la clémence, de la grandeur d'âme, de la modération (1) et de la justice, bases morales de toute saine politique. Lorsqu'on se livre à ces profondes méditations, lorsqu'on réfléchit que vous nous avez montré la théorie du bonheur de la même main qui en détruisoit la jouissance, et qui tarissoit les sources de la félicité publique; lorsqu'on pense que vous aurez reculé de plusieurs années la délivrance du genre humain dont il ne tenoit qu'à vous d'accélérer l'époque, un homme véritable-

---

(1) Les insensés! ils ont fait une injure de cette vertu si nécessaire aux législateurs.

ment épris du saint amour de la liberté est prêt à verser des larmes de sang.

Note v.

Jadis un sot, est un oracle.

Hérault étoit auparavant la risée du parquet.

Note vi.

Avec Villette il rédigea
Celui qu'à Sodome on forgea.

Dans le temps des premières chaleurs anti-physiques de ce magistrat, il fut fort question de le chasser du Parlement; mais un de *Messieurs* observa que la dernière exécution d'un pauvre conducteur de brouettes, brûlé en place de Grève pour crime de sodomie, avoit excité de violens murmures; que plusieurs personnages considérables ou très connus, tels que les *d'Elbeuf*, les *Beaufremont*, les *Villars*, les *Bouillon*, les *Chambonas*, les

Thibouville, les *Villette*, faisoient impunément profession publique de sodomie, au lieu d'être mis aux Incurables, ce qui avoit fait reprocher à *nos Seigneurs* de Parlement de ne sévir que contre la *canaille*, et que d'ailleurs *Hérault* étoit un magistrat; on se contenta d'une vesperie à huis clos dont cet amateur ne tint aucun compte, et *Messieurs* passèrent à l'ordre du jour.

Note VII.

Père Chabot en pleure; il craint
Qu'on ne déporte sa putain.

On connoît la débauche infâme de ce capucin.

Note VIII.

Ils ont volé, dans la Belgique,
Église, palais et boutique.

Danton et *Lacroix*, nommés commissaires nationaux dans la Belgique, commencèrent d'abord par prendre au trésor national

5oo,ooo livres pour les dépenses de leur voyage et menus frais politiques. Arrivés dans la Flandre autrichienne, ils mirent partiellement tout Bruxelles à contribution; ils ont fini par s'approprier l'argenterie meublante de l'archiduchesse de *Saxe-Teschen*, la collection de tableaux de *Teniers* de son cabinet, et tout son linge de table : ce linge fut démarqué, et remarqué à Bruxelles aux lettres de *Danton* et *Lacroix*, et le tout fut expédié en ballots au citoyen *Carteret*, à Paris. C'est ainsi que ces illustres patriotes législateurs préparoient les peuples à adopter les principes *philosophiques* de notre constitution, tandis que les *sans-culottes*, qui pilloient aussi selon leurs moyens, captoient à coups de sabre, dans les assemblées belges, ces adhésions au savant décret qui nous a fait perdre la Belgique, cet assentiment *universel* que les orateurs de la *Montagne* proclamoient dans la tribune avec tant d'emphase et de bonne foi. Étonnez-vous maintenant que nous ayons été honteusement chassés de ces belles provinces, que le nom François y soit en horreur, et que *Danton* ait si magnifiquement doté sa nouvelle épouse.

NOTE IX.

Damiens fit voir un grand courage,
Robespierre en a bien la rage.

Tout le monde sait que *Robespierre* est neveu du célèbre *Damiens,* et qu'il est encore, si la chose est possible, plus poltron qu'impudent. Ce coryphée des Jacobins, si fort audessus de sa réputation, est un petit homme dévoré de haine, de rancune et d'envie, qui veut beaucoup et ne peut rien; consumé de désirs toujours impuissans, ambitieux sans moyens, quelquefois éloquent, mais sans idées; factieux sans courage; insolent sans énergie; jaloux jusqu'à la fureur sans aucun titre; fanatique sans enthousiasme; sophiste sans adresse; encore plus désolé du triomphe de son adversaire qu'il ne l'est de n'avoir pas

triomphé : en se dérobant au profond mépris
dont il est digne par l'horreur qu'il sait inspirer, il se félicite de donner ainsi le change à
ceux qui lui font l'honneur de le haïr. C'est
l'être le plus malheureux de cette horde infâme; car lorsqu'il ose se sonder, il découvre
avec désespoir que son impuissance l'emporte
sur sa scélératesse même; et de tous les remords dont il est lacéré, celui de sa nullité
est le plus déchirant.

NOTE x.

Sans-culottes, votre orateur
Ne respire que la fureur.

Sans-culottes : dénomination dégoûtante,
bien digne de la majesté de nos révolutions,
et à l'abri de laquelle les brigands qui occupent toutes les places ont cru mettre leurs rapines en sûreté; qualification perfide, qui a
divisé les citoyens en deux sortes de castes,
qui a accoutumé la classe indigente, de la-

quelle on avoit besoin, à regarder les citoyens de la classe aisée comme ses ennemis naturels : d'où il est résulté un foyer toujours entretenu de troubles, de dissensions, d'émeutes, de pillage et de toutes les horreurs nécessaires au maintien de l'anarchie et du despotisme des administrateurs. *Danton, Lacroix, Pache, Chaumette, Hébert* et tant d'autres, sont des *sans-culottes* lorsqu'il s'agit de mouvoir et de diriger la classe indigente : ils rient bientôt sous leurs lambris de ces simagrées populaires ; ils y vivent dans l'opulence, tandis que les *sans-culottes,* leurs prétendus frères, meurent de faim sur leurs grabats, lorsqu'ils sont assez honnêtes pour ne pas devenir des journaliers politiques, des motionnaires, des révoltés, et quelquefois des assassins à tant par jour.

Note XI.

Car personne n'y contredit.

Elle est libre, sans doute, la Convention :

les Jacobins (1) y règnent seuls. Ils assuroient aussi qu'elle étoit libre avant la proscription à main armée des trente-deux : cependant il est notoire à tous les citoyens de Paris, que les proscrits n'ont jamais pu manifester leurs opinions sans être hués, insultés, menacés par les tribunes stipendiées, sans courir risque de la vie dans les corridors et à la porte. Toutes les fois qu'on empêchoit des députés de dire leur avis, n'insultoit-on pas les départemens de ces mandataires? Cette violence n'étoit-elle pas un outrage pour les commettans? qui pourroit le nier? Étoit-elle libre, la Convention, lorsqu'on n'y délibéroit que sous les poignards; lorsqu'un *Henriot* ordonnoit aux représentans de rentrer sous peine de la vie? et les départemens auroient tort de se plaindre? Venez, frères et amis, leur écrivent maintenant les *Montagnards* qui ont chassé ou in-

---

(1) Il est singulier que ce nom soit réservé aux inquisiteurs religieux et aux inquisiteurs politiques.

carcéré tous leurs contradicteurs; venez, ac-
courez, s'écrient-ils avec un sourire sardonique,
et vous serez témoins que la Convention est
libre, et qu'on a calomnié Paris. On ne sauroit
abuser avec plus d'effronterie de la soumission
et de la crédulité publique.

NOTE XII.

D'Herbois, qui sous sa redingote
Emportoit la vaisselle à l'hôte.

Collot-d'Herbois, ex-histrion, sifflé sur tous
les théâtres de province, a été chassé de Lyon
et de Genève pour escroqueries, pendant ses
campagnes dramatiques. Il y a erreur de lieu,
lorsqu'on dit dans le couplet qu'il emportoit
la vaisselle sous sa redingote : voici comment
un ancien camarade de coulisse qui nous sert
ici d'autorité, raconte le fait : Un aubergiste
chez lequel *Collot-d'Herbois* avoit couché,
s'aperçut au départ de ce dernier, qu'il lui
manquoit quelques pièces d'argenterie : grand

tumulte ; on fouille le cabriolet de *Collot*, on y trouve le corps du délit ; *Collot,* aussi surpris qu'indigné de cette trouvaille, jette feu et flamme contre son domestique, qui avoit pris les devans ; il fait ses excuses à l'hôte ; il dit que c'est *Crispin* ; *Crispin*, sans doute, auroit dit : c'est *Labranche*, et il rend les cuillers et les fourchettes, ramène le calme moyennant quelques louis, et continue sa route. Nous ne prononcerons point entre le maître et le valet ; nous nous bornons à observer avec indignation, mais sans pouvoir nous empêcher de rire, que *Collot* est un des législateurs de la France.

NOTE XIII.

Chabot, l'aumônier des bordels,
N'employoit pas des moyens tels.

Le capucin *Chabot* passe dans les mauvais lieux ou chez les chirurgiens tout le temps qu'il peut dérober aux affaires publiques.

NOTE XIV.

Gens suspects, et tout brissotin.

Tout le monde sait maintenant que ces épithètes de *rolandistes*, de *modérés*, de *feuillantins*, de *brissotins*, ont été imaginées pour aveugler les sots sur l'amas énorme de calomnies absurdes et contradictoires entassées au jour le jour par les *patriotes montagnards*. La qualification de *gens suspects* auroit dû exciter davantage l'indignation de tous les vrais citoyens, qui ne reconnoissent d'autorité que celle de la loi : ces deux mots ont donné la plus vaste latitude à l'arbitraire : avec ces deux mots, les commissaires proconsuls, les membres du comité de salut public, la commune, la municipalité, le maire, et jusqu'aux plus petits fonctionnaires des sections, disposent, selon leurs intérêts, leurs passions et leur bon plaisir, des propriétés et de la liberté des citoyens, si religieusement respectées par la constitution : sans parler des vols immenses que la qualification de *gens suspects* a fait commettre par les fonctionnaires publics et par leurs impôts, cette fourmilière de ty-rans s'est permis, et se permet tous les jours, des actes arbitraires que les anciens ministres n'auroient osé se permettre les lettres de ca-chet à la main; et, ce qu'il y a peut-être de plus humiliant, c'est que les agens de ces exé-cutions ottomanes, quelque subalternes qu'ils soient, poussent l'insolence jusqu'aux derniers excès. Nous observons que c'est toujours au nom *de la loi* qu'on la viole ainsi avec une audace qui n'a pas encore fatigué la patience des Parisiens.

Note xv

Fait offrir à la gourgandine.

Le terrible *Chabot* ne voyage jamais sans une fille : *gaudeant benè nati.* Un cordelier à la bonne heure ! mais un capucin ?

NOTE XVI.

Barrère , seigneur de Vieussac ,
A plusieurs pièces dans son sac.

Cette espèce de paillasse de tous les théâtres de conspirations ne laisse pas de faire quelques tours de force. Ce seroit un assez bon sous-ordre entre les mains d'un scélérat éclairé : heureusement pour la République et pour l'humanité, il est incapable de travailler en chef.

NOTE XVII.

Le plus dégoûtant scélérat
(Vous devinez que c'est Marat).

Oui, le plus dégoûtant scélérat qui ait jamais infecté l'espèce humaine. Il ne prolongeoit son affreuse existence qu'en expectorant tous les matins dans une feuille aussi stupide qu'atroce, le venin qui le consumoit. Sans esprit, sans jugement, sans connoissances, il a trouvé le moyen de faire prononcer son nom en se frottant d'ordures pour se faire remarquer, comme les *Pandarous* de l'Inde. Avant la révolution, il n'étoit connu que par des escroqueries, et par la bassesse servile avec laquelle il mendioit la faveur des officiers les plus subalternes du ci-devant comte d'Artois.

Capable de se vendre à tous les partis, cet antechrist politique fouloit aux pieds les remords, l'exécration et le mépris qu'il inspiroit : il marchoit au travers de tout cela vers son but principal, qui étoit évidemment d'entretenir l'anarchie : remettant son masque *d'ami du peuple* au moment même où on venoit de le lui arracher, il poursuivoit sa carrière avec autant d'audace que s'il n'eût pas été reconnu. Les sots et le *peuple* prenoient cet excès d'impudence pour l'énergie du patriotisme, et les fripons sanguinaires dont *Marat* étoit l'aboyeur faisoient semblant de penser comme le *peuple* et comme les sots. Le cœur de ce

misérable étoit un amalgame de bronze, de
sang et de fange.

Sans talens, sans vues, sans moyens, jamais
il n'a proposé d'autre expédient que le carnage, dont il étoit naturellement avide ; jamais
il ne lui est échappé une combinaison politique, une mesure législative. Toute sa logique
consistoit à donner des assertions pour des
preuves, à dénoncer sur le rapport du premier venu, et à calomnier avec un acharnement qui étoit sa plus douce jouissance ; mais,
au milieu de la dépravation générale, en
soupçonnant toujours le mal, il a dû souvent
deviner juste.

Nous l'avons vu imprimer que les aristocrates étoient coupables des massacres du
2 septembre commandés par lui-même ; et
quinze jours après, sans avoir aucun égard à
cette assertion, et sachant que le *peuple* croit
au jour la journée tout ce qu'on lui débite
de plus contradictoire, pourvu qu'on lui parle
son langage de prédilection, il cherche à jus-

tifier ces massacres, qu'il appelle la *justice du peuple*, et s'oppose ensuite avec véhémence au décret qui ordonnoit de poursuivre les auteurs de ces assassinats. C'est ainsi que nous venons de voir un calomniateur de la même horde, complice de cette affreuse journée, en accuser impudemment *Pétion* et *Manuel*, dans une des dernières séances de la Convention nationale. Il est remarquable qu'à la même époque où *Marat* accusoit les aristocrates des crimes du 2 septembre on surprenoit un *ordre* signé de lui et de quelques autres brigands, aux sociétés prétendues populaires, de massacrer aussi dans les départemens tous les prisonniers et les *gens suspects*. Les chefs des *montagnards* avoient alors la bêtise de croire que Paris alloit commander au reste de l'empire, comme l'ancienne Rome, et que conséquemment ils régneroient bientôt sur la France entière.

Depuis l'origine de la révolution, *Marat*

n'a cessé de prêcher le désordre, le vol, le mépris des lois, le carnage et l'anarchie. Jamais il n'a soumis une de ses opinions à l'analyse : il commandoit sans discuter; il ne se mettoit même pas en peine d'indiquer un seul effet salutaire des mesures qu'il proposoit de prendre ; à la vérité la chose eût été difficile : il étoit parvenu à persuader à ses imbécilles sectateurs qu'on devoit s'en rapporter à lui pour les résultats, sans que jamais il en raisonnât un seul. Si l'on avoit suivi ses conseils à la lettre, tous les liens de la société seroient dissous, toutes les propriétés et les fortunes bouleversées, le crime seul tiendroit lieu de politique, de lois et de morale, et la France n'offriroit plus qu'un vaste champ de carnage. Voilà le monstre auquel un ramas d'énergu—mènes, d'imbécilles, de bandits et de gagistes ont rendu les honneurs funèbres destinés aux plus illustres et aux plus vénérables citoyens : voilà le monstre que des journalistes, bien dignes de le célébrer, osent appeler un grand homme. (1)

NOTE XVIII.

Sous le nom de monsieur *Deschamps*,
Achète maisons, prés et champs.

Marat, qui jouoit la pauvreté, étoit bien loin d'être pauvre, comme le soutiennent aujourd'hui des complices aussi fripons que lui (2). Il a fait des acquisitions sous le nom

---

(1) Il est impossible que *Camille Desmoulins* ait imprimé sans un rire cynique que *Marat* étoit un homme à grand caractère.

(2) La commune, qui depuis long-temps s'est arrogé tous les pouvoirs, qui viole tous les décrets à sa volonté; la commune, despote de Paris, a fait apposer les scellés sur les papiers de *Marat*, à la requête très pressante d'*Hébert*, son complice, substitut du procureur de la commune, sous le prétexte grossier de conserver les écrits patriotiques et précieux qui doivent être chez ce législateur. Le véritable motif de cet acte illégal est qu'*Hébert* craint qu'en découvrant la scélératesse de

de *Deschamps*. Ce qu'il y a de certain, c'est qu'il a été lui-même marchander une maison qu'on vouloit vendre 94,000 livres, et que ce *pauvre patriote* s'entretint une demi-heure dans la cour avec le portier, sur les augmentations qu'il se proposoit de faire au bâtiment s'il l'achetoit. C'est un fait que j'ai vérifié.

NOTE XIX.

Mais Bouchot' lui remplit la poche.

Ce scélérat, d'une espèce unique, étoit le mépris et l'exécration de la France : il eût été infailliblement massacré ou pendu dans

Marat, on ne découvre la complicité du substitut; qu'en découvrant des paquets d'assignats chez *Marat*, les honneurs de la pauvreté ne s'évanouissent. Moyennant le scellé, *Hébert* soustraira à sa volonté les papiers qui pourroient le compromettre, et la trop grande quantité d'assignats qui nuiroit à la réputation de son illustre ami.

quelque département, s'il se fût fait nommer commissaire proconsul.

L'imbécille, l'inepte, le plat *Bouchotte*, ce bas valet de *la Montagne*, a partagé tout bonnement depuis peu, entre *Marat* et *Hébert*, une somme de 5o,ooo livres à lui confiée, on ne sait à quel titre, pour être distribuée aux journalistes patriotes. Ce ministre a jugé qu'elle appartenoit de droit aux deux sublimes écrivains de *l'Ami du Peuple* et du *Père Duchesne*. Moyennant ces actes de justice, les enragés pallient toutes les sottises de *Bouchotte*, et *le peuple*, unique objet du tendre amour des brigands *jacobites*, continue à être la victime des opérations ministérielles de *Bouchotte* et des adjoints *montagnards* ses complices.

Note xx.

Des siens quoiqu'il fût le mépris.

Le plus grand nombre des députés de *la Montagne* méprisoit souverainement *Marat ;*

ils ne dissimuloient même point leur opinion sur ce monstre, et j'ai souvent entendu plusieurs d'entre eux en parler comme moi. C'est uniquement pour l'honneur du corps, et pour tenir le *peuple* sous le charme, que les représentans ont joué la farce mortuaire dont nous avons été témoins. Tenez cependant pour certain qu'il n'y en avoit peut-être pas douze qui ne marchassent à cette cérémonie burlesque bien persuadés qu'ils rendoient ces honneurs presque divins au plus atroce et au plus vil scélérat qui jamais ait souillé la terre de la République, où Genève l'avoit vomi. (1)

---

(1) On lit dans les journaux jacobites, article de la commune : « Le commissaire qui a assisté à la levée des « scellés de *Marat* fait son rapport : on n'a trouvé parmi « les papiers de ce représentant du peuple qu'un billet « de 25 sous. » Parbleu ! messieurs, vous donnez la dose un peu forte ; il y a bien de la maladresse à vous ! Ne vous flattez point que l'exiguité de la somme, et la publication faite avec tant de candeur, puissent donner les

Note XXI.

D'Églantine le gazetier.

La *Gazette de France* est rédigée depuis peu par *Fabre d'Églantine*, député à la Convention nationale. Depuis qu'il la rédige, cette feuille est absolument vendue à la faction jacobite, qui dispose maintenant de tous les journaux, manœuvre par laquelle la République ne peut jamais connoître la vérité, et qui livre les citoyens des départemens à toutes les impostures qu'il plaît aux monta-

couleurs de la vérité à cette ineptie : il falloit y laisser au moins une cinquantaine de livres. Le rapporteur ajoute que « après l'assassinat de *Marat*, le peuple se « porta en foule dans son appartement, mais que les « plus grandes précautions furent prises, de sorte qu'on « n'a pas lieu de présumer qu'il ait été fait la moindre « distraction de quelque effet. » Ici le bout d'oreille échappe. Vous êtes de mauvais jongleurs; vous en imposez aussi mal que vous administrez.

gnards de faire répandre. Aussitôt que *Fabre*
a été pourvu de cette gazette, il a commencé
par se mettre à l'ordre du jour, c'est-à-dire
par dénaturer les événemens du 31 mai; à
charger les députés proscrits de toutes les
calomnies qu'il est si capable d'imaginer, et
à faire le panégyrique continuel des opérations *patriotiques* des députés de *la Mon-*
tagne. On va juger de la bonne foi du gazetier et de ses commettans, par le compte
rendu dans le numéro du 13 juillet, du rapport de *Cambon* sur les travaux du comité de
salut public.

« La colère du rapporteur a surtout éclaté »,
s'écrie le folliculaire avec cet accent persua-
sif de la candeur (la candeur de *Cambon,*
des montagnards, de *Fabre!*) « lorsqu'il a
« peint les effets effroyables de la *calomnie.*
« C'est avec la plus audacieuse effronterie,
« a-t-il dit, que les départemens étoient in-
« duits en erreur : à voir les lettres, les écrits
« publics et secrets des membres de cette fac-

« tion, *on eût cru que Paris étoit le séjour*
« *des enfers, la caverne du meurtre, du bri-*
« *gandage et de la désolation : les impos-*
« *teurs !* »

Malgré l'horreur du mal, *risum teneatis
amici*, y a-t-il jamais eu d'effronterie com-
parable à celle du rapporteur et de son gazetier ?

Je te prends sur le fait, impudent *Cambon*.

N'avons-nous pas été témoins des horribles
massacres de Paris ? N'est-il pas de notoriété
publique qu'ils ont été commandés par les
patriotes-jacobins ? Ne l'est-il pas que ce sont
eux seuls qui ont comblé de morts et de
mourans de tout sexe et de tout âge l'affreuse glacière d'Avignon ? Ne l'est-il pas que
les Jacobins ont protégé ouvertement *Jour-
dan*, le chef de ces exécutions horribles ? Ne
l'est-il pas que les sociétés prétendues populaires sont coupables de tous les assassinats
commis sur la surface de la France, et de

tous les incendies qui ont éclairé tant de forfaits? Ne l'est-il pas que *Marat,* ce monstre dont la horde fait aujourd'hui l'apothéose, a imprimé qu'il falloit encore égorger trois cent mille François? Ne l'est-il pas que les Jacobins ont fait absoudre les assassins-anthropophages du 2 septembre? Les satellites de cette abominable journée n'ont-ils pas bu *devant moi* à l'Abbaye, et n'ont-ils pas fait boire aux prisonniers qu'on mettoit en liberté, du sang des massacrés, *à la santé de la nation?* N'ont-ils pas mangé des cœurs humains sur le gril? Ne se sont-ils pas fait des ceintures avec les boyaux de leurs victimes? N'ont-ils pas arraché la matrice de madame de Lamballe? Ne l'ont-ils pas mise au bout d'une pique? Les assassins n'ont-ils pas bu à sa santé dans le cabaret qui est au coin de la rue des Balais, la tête de cette malheureuse femme sur le comptoir du marchand de vin? (*Henriot* étoit l'un des buveurs) l'horreur glace ma main : et tout cela s'est passé, non après un combat chez des *Chicachas*, ivres de sang et d'eau-de-vie, et les plus féroces sauvages du globe, mais dans le sein des arts, du luxe, des plaisirs, de l'atticisme et de la politesse; mais dans la capitale du monde, que les Jacobins, comme l'eût fait *Arimane* (le génie du mal), ont tout à coup métamorphosée en un de ces temples du Mexique qui n'avoient pour tout ornement que les têtes ensanglantées et les cadavres entassés des prisonniers de guerre.....

Magne pater divûm sævos punire tyrannos....

N'est-il pas enfin évident, qu'après tant de scènes effroyables, la journée du 31 mai, où il s'est commis tant de crimes, auroit été une journée de *meurtre*, de *brigandage* et de *désolation*, si les découvertes de la commission des douze n'avoient forcé les conspirateurs à changer leur marche? Peux-tu nier ces épouvantables vérités, sanguinaire brigand? Et lorsque je te surprends vautré sur des cadavres, plongé dans des torrens de sang humain, tu oses prendre le masque de Tartufe; tu oses t'écrier : les imposteurs! La fureur étouffe la parole.

Depuis l'époque où tu as menti à la nation avec autant d'audace, *Henriot*, élevé par la faction jacobite au grade de commandant général de la garde nationale; *Henriot*, bourreau des Jacobins; *Henriot*, voleur et assassin public (1),

---

(1) Henriot annonça de bonne heure ce qu'il seroit un jour. Élevé par commisération, en qualité de domestique, chez un procureur au Parlement (Formey), il en fut chassé pour vol. Devenu garde de la ferme générale aux barrières, il en fut encore chassé pour avoir volé. Il parvint ensuite à être espion de police; il exerçoit cet emploi déguisé en marchand de rogome (de ceux qui en vendent sur les quais à la pointe du jour). Le lieutenant de police le fit mettre à Bicêtre pour de nouveaux vols, et pour avoir trafiqué de l'espionnage. Au sortir des cachots de Bicêtre, il réussit à redevenir laquais. Son maître le chassa pour les mêmes espiégleries, qui lui étoient si familières. Il fut un des massacreurs du

n'a-t-il pas fait aux Cordeliers, six jours après
que tu as osé proférer ces paroles, la motion
de se défaire de tous les *ci-devant*, de tous les
prêtres, et de tous les *gens suspects?* et deux
jours après cette motion vraiment *jacobite*,
n'a-t-il pas été, avec quelques municipaux, au
Mont-de-Piété, dépôt public et sacré pour
tout autre que pour des *montagnards*, or-

---

2 septembre, à tant par jour; et nous venons enfin de
le voir promu, de grade en grade, à celui de commandant général de la garde nationale. La destinée de ce
scélérat étoit donc d'être pendu, roué vif, ou commandant général? *O altitudo!*

Que ce poste important fût confié à un brave et loyal
sans-culotte, le plus pauvre des volontaires des faubourgs Saint-Antoine ou Saint-Marceau, bon citoyen,
bon père de famille, honnête homme, il n'y a personne
qui n'applaudît à un tel choix; mais que les *monta-*
gnards cherchent toujours leurs fonctionnaires dans la
lie des scélérats, rien ne prouve plus évidemment le
genre de leur politique, de leurs moyens, de leurs intentions et de leurs projets.

donner le relèvement de tous les bijoux, vaisselle, effets de valeur appartenans aux *gens suspects*; sans doute afin de les remettre en dépôt dans le gouffre de la commune, après en avoir volé de concert la meilleure partie; et cela au moment même où la faction *jacobite* publie à la hâte une constitution qui consacre le respect pour les personnes et pour les propriétés? Et après tant de faits qui démontrent ton exécrable imposture, **tu** oses nier que Paris soit la caverne *du meurtre, du brigandage, de la désolation!* Tu oses t'écrier : les imposteurs! Et c'est précisément cet article que ton camarade qui rédige maintenant la *Gazette de France* a le front de choisir pour faire ton éloge!

Le calme règne, dis-tu? Ah! puisque tu le dis, cette assurance est un nouveau piége : oui, il règne en apparence, aux frayeurs de la famine près; mais c'est le calme de la terreur; c'est le calme du tombeau : mais la constitution, quelque bonne qu'elle soit, est insuffisante pour rassurer les clairvoyans , par la seule raison que toutes les autorités constituées et usurpatrices la violent tous les jours : mais un *Henriot* commande dans Paris ! mais les journalistes *montagnards* sont plus incendiaires que jamais ; mais *Hébert* et d'*Eglantine* se sont emparés de la survivance de *Marat ;* mais les orgies de *Maisons* (1) sont

---

(1) Les enragés de la *Montagne* font des orgies à Maisons, près Charenton, château loué par la bande sous le nom de Deschamps, et où *Marat* avoit une chambre meublée. Depuis la mort de ce scélérat, et depuis le triomphe des Montagnards, les banquets de cette loge infernale s'y multiplient ; tous les coupe-jarrets de la *Montagne ,* escortés de l'assassin *Henriot ,* y président. Le 18 ou le 19 juillet, il y a eu orgie. Après boire, massacrera-t-on ou ne massacrera-t-on pas ? Parisiens, voilà les questions qui s'agitent à votre porte ! *Robespierre* et *Henriot* opinoient pour le massacre : « Il faut de grandes mesures ; il faut effrayer les départemens. » Ces barbares insensés, qui ne connoissent pas la France, ne voient point qu'ils effraieroient Paris (rien n'est plus facile),

plus fréquentes que jamais ; mais le délire renaît dans plusieurs sections : quelques unes ont déjà porté leur fureur au sein de la Convention nationale ; elles répètent tous les jours

---

mais qu'ils souleveroient toute la République. *Barrère* et quelques autres s'opposoient au massacre ; *Danton* vouloit composer. D'après l'opinion de *Barrère, Henriot,* aussi féroce que stupide, s'écrie en mettant la main sur sa redoutable épée : « Il y a des traîtres parmi nous ; il « faudra les égorger les premiers. » *Robespierre* insiste encore sur l'effusion du sang. On observera que ces deux scélérats sont les deux plus grands j...f...... de Paris ; je demande pardon aux dames de l'expression : c'est celle dont nous nous servons, nous autres hommes, pour désigner complétement un poltron. On observera qu'il n'y a point d'homme un peu vert qui, un bâton à la main, ne fît mettre à genoux, dans une chambre, *Robespierre* et *Henriot, Henriot* et *Robespierre.* La discussion s'apaise ; on ajourne cette motion de cannibales, et ces misérables, presque tous ivres, finissent par vouloir danser. Les aides-de-camp d'*Henriot* vont dans toutes les maisons du lieu, inviter les filles, qui refusent d'aller danser avec

qu'il faut de grandes mesures (1), et que si la Montagne *fléchit* (ce qu'elle est bien capable de feindre pour s'élever ensuite contre les

---

ces brigands, et qui aiment mieux batifoler avec les loyaux amans du village.

Quelques jours après cet effroyable banquet, *Henriot* fit insérer dans le numéro du 29 juillet du libelle intitulé la *Gazette de France nationale*, l'avis qu'on va lire :

« Voici l'extrait de l'ordre du jour : Le commandant « général ne cesse de recommander à ses concitoyens « l'invitation la plus pressante de continuer leur surveil- « lance active (tel est le françois que parle *Henriot*, as- « sisté de son gazetier), surtout d'arrêter les journaux « anticiviques, qui prêchent *le pillage et l'assassinat.* » (Au sortir de Maisons, où il vouloit, la main sur son cimeterre, qu'on décrétât le massacre !)

Qu'en dites-vous, Parisiens?

(1) C'est un hommage involontaire rendu à la justice innée qui s'élève dans le cœur de l'homme contre toute iniquité, que ces expressions mesurées, ces *syllabes hon- teuses*, dont se servent la plupart des méchans pour dé- signer un crime qu'ils veulent commettre.

massacres lorsqu'ils seront exécutés), c'est-à-dire si elle n'approuve pas toutes les atrocités que les lois condamnent, on saura bien la forcer à consentir aux *moyens efficaces* que le *peuple* doit prendre pour son *salut*. (1)

Ajoutons que la municipalité est plus despote que jamais, témoins les détails révoltans de ce qui s'est passé le jour du sac du Palais-Royal, et qu'on va rendre publics.

Et tu voudrois, candide orateur, qu'on s'en rapportât plutôt à *ta parole* qu'à toutes ces probabilités?

Credat Judeus Apella.

Revenons au méprisable folliculaire que j'ai quitté pour m'abandonner à cette digression importante.

---

(1) Il est inconcevable que la partie saine des citoyens ne soit pas encore fatiguée de ce jargon, aussi mensonger qu'atroce, que le dictionnaire jacobite a enseigné aux imbécilles et aux scélérats, suppôts de cette caverne infernale.

Il continue : « En effet, ce ne peut être que
« le fait de quelques *friponneaux* de vouloir
« persuader au peuple de ces deux villes (Caen
« et Évreux) que la France entière va perdre
« son point de réunion et son équilibre poli-
« tique (1), pour servir l'ambition petite et
« ridicule de l'empereur de collége *Buzot,*
« la poltronnerie insolente de *Barbaroux*, la
« vaniteuse étourderie de *Guadet,* et la bas-
« sesse excrémentale de *Gorsas.* Ces drôles
« cherchent à duper le peuple pendant quel-
« ques jours, pour se donner le loisir d'amas-
« ser leur viatique, et le charlatan (2) Wim-

---

(1) Ce seroit une question sans doute, malgré le ton
du gazetier. Quoi qu'il en puisse être, la Convention, ni
la France entière, n'a le droit d'outrager un département dans la personne de ses représentans. L'une et
l'autre n'ont que celui de leur demander compte de leur
conduite, et de les faire juger.

(2) Ce charlatan est celui qui a fait la savante défense
de Thionville : il a 50,000 livres de rente, et d'Églantine
soutient que cet officier-général attendoit aussi son via-

« phen, au vaste chapeau bordé, est de leur
« avis, et partout de moitié, etc. »

C'est avec ce langage des halles que *d'E-
glantine* croit verser à pleines mains sur les
députés le *ridiculum acri*. Nous lui deman-
dons ce qu'auroient de commun avec leur
caractère de représentant du peuple, tous les
vices dont il les gratifie si ingénieusement.

Il ne sera pas inutile d'observer ici que
d'Eglantine, qui, avant la révolution, étoit
non seulement un *sans-culottes*, mais encore
un *sans-chemise*, un *sans-souliers*, est maintenant fort riche ; qu'il occupe un hôtel, qu'il
a des gens et un carrosse : cette fortune, aussi
étrange que subite, lui vient de s'être glissé

---

tique. C'est ainsi que ce polisson (il faut enfin parler sa
langue) entasse absurdités sur calomnies ; il ne prend
pas même garde qu'en accusant de pauvreté les députés
proscrits, il fait l'éloge de leur désintéressement, et qu'il
réveille l'attention sur les 18,000 livres de rente qu'il a
volées.

à la municipalité dans les beaux jours du brigandage de la commune, et des opérations
ultérieures qu'il a faites à la Convention nationale. Afin d'augmenter le vil troupeau de
leurs aboyeurs, les Jacobins viennent de lui
faire donner la *Gazette de France,* dont on
auroit dû charger un homme de lettres pauvre. *D'Eglantine* a fait tout à coup de cette
feuille, qu'on a toujours distinguée par sa
bienséance et par l'exactitude des faits, un
libelle diffamatoire jacobite à la *Marat,* à la
Hébert. Conçoit-on qu'un homme de l'espèce
de *d'Eglantine* ose prononcer les noms de
friponneau, de *drôle,* d'*excrément?* Il n'est
donc plus possible de lui répondre désormais
autrement qu'à coups de fouet?

Nous ne finirons pas cet article sans dire
un mot de la diatribe que *d'Eglantine* vient
de lancer contre *Charlotte Corday,* dans son
numéro du 20 juillet. Le métaphysicien y
décompose les nuances des replis les plus se-

crets du cœur de cette étonnante fille. Il fait, sans l'avoir jamais connue, la satire la plus sanglante de son moral ; il fait aussi celle de son physique : il essaie de persuader à tout Paris que cette charmante personne, qui avoit surtout des yeux d'une beauté rare, étoit laide et dégoûtante. Fanatique, soudoyé pour l'être, n'est-ce donc pas assez qu'elle ait expié son crime, sans que tu viennes encore insulter ses mânes ? C'est bien à toi à parler de figure ? Tu dois sans doute n'envisager qu'avec fureur même ceux qui n'en ont qu'une supportable : si la tienne est si basse et si repoussante, si le pus circule sous ton épiderme, que ne t'en prends-tu à la nature, maraud, qui t'a traité comme tu le mérites ? Crois-tu faire des dupes en te mentant ainsi à toi-même ? N'est-il pas évident que tes impostures maladroites tendent à dérober *Charlotte Corday* à l'admiration publique, à entretenir le feu du *maratisme*, à faire valoir ta

servile ferveur, ton faux patriotisme, et à
solliciter la jouissance paisible du fruit de
tes brigandages? (1)

Charlotte Corday étoit belle, douce, honnête : sa conduite a toujours été irréprocha-
ble ; elle poussoit la piété filiale au dernier
point ; elle étoit aimée et considérée de tous ses
parens et de tous ceux qui la connoissoient ;
elle menoit une vie très retirée ; elle avoit beaucoup d'esprit et de connoissances : voilà la vé-

---

(1) Il est arrivé à la Convention nationale déjà connu
par ses rapines à l'Hôtel-de-Ville. Cet étrange représentant a été ensuite intéressé dans une fourniture de bottes
et de souliers destinés à nos braves volontaires, pendant
la campagne diluvienne des plaines de Châlons. Toute
la France sait que ces souliers duroient tout au plus
huit jours, et les bottes à proportion. Les hôpitaux furent bientôt pleins de nos soldats. Plus de trente mille
volontaires ont perdu la vie assassinés par *d'Églantine*
et ses complices; mais il a gagné, volé 100,000 écus, et
aucun des voleurs-assassins n'a été exécuté : c'est tout
comme autrefois.

rité. Un vil et lâche brigand est-il organisé pour sonder le cœur d'une telle femme? Sans avoir recours à l'étalage d'une métaphysique aussi absurde que celle de *d'Eglantine,* nous essaierons d'expliquer ce phénomène en quatre mots. Le fanatisme d'opinion, peut-être aussi violent que le fanatisme religieux, parce qu'il a l'amour-propre et l'intérêt personnel pour base, a fait commettre ce crime à *Charlotte Corday.*

On sait qu'un des exécuteurs a souffleté la tête de cette femme après l'avoir décollée. *D'Eglantine* veut partager avec çe citoyen l'honneur d'un enthousiasme aussi patriotique : ne pouvant mieux faire, il soufflette les mânes de *Charlotte Corday.* Le premier exécuteur a été puni : les bonnes mœurs exigent qu'on châtie aussi son rival.

Au moment où nous terminions cet article, il nous a été adressé un paquet contenant la pièce de vers qu'on va lire.

BOUTADE

D'un François véritablement ami de sa patrie, sur la meurtrière d'un Genevois qui s'intitule L'AMI DU PEUPLE.

Un lâche, un méchant, un ingrat,
Qui dans ses bienfaiteurs se cherchoit des victimes,
Qui faisoit son bonheur des malheurs de l'État,
Qui fuyoit les dangers, et propageoit les crimes;
    Un atroce et vil scélérat,
C'étoit assurément le jacobin Marat;
    Mais, sans effort et sans éclat,
    Nature, toujours bienfaisante,
    Alloit purger le genre humain
De ce monstre expirant de son propre venin,
    Lorsqu'une beauté ravissante,
Jugeant que de Marat la fièvre seroit lente,
Au lieu de se fier à l'art du médecin,
Qui sur le monstre assuroit sa vengeance,
    Se voue ainsi que Décius,
    Et s'arme du fer de Brutus
Contre le noir brigand qui désoloit la France.
Quoi! la main d'une Grâce a mis dans le tombeau
Celui qui dût périr sous les coups d'un bourreau!

Pour immoler un tyran si perfide,
Dieux! où l'emporte sa fureur!
Quelle affreuse, mais noble erreur
Trompe l'amazone intrépide!
Quels regrets, ô Corday, qu'un aveugle transport
Ait pu flétrir ton magnanime effort!
Bientôt, par une mort prochaine,
De l'indigne objet de ta haine
Nous étions délivrés sans toi,
Ou par le ciel, ou par la loi.
Le triste abus de ton courage,
Loin d'exciter son repentir,
Ne fait que redoubler la rage
De cette horde anthropophage
Qui croit voir dans son chef un héros, un martyr.
Cent fois maudit le royalisme
Qui sut aiguiser ton poignard!
Mais en blâmant le fanatisme
Qui causa ton funeste écart,
Nous admirerons l'héroïsme
Qui nous retrace et Scévole et Maillard. (1)

____

(1) Citoyen de Paris qui assomma le prévôt *Marcel*
à la porte Saint-Antoine.

Note XXII.

> Vil histrion, petit brigand,
> Cœur faux et bas, lâche intrigant.

Nous croyons indispensable de nous expliquer sur le mot d'histrion. Avec les talens et le moral du comédien *Fleury*, par exemple, et de plusieurs de ses collègues, on est certainement un citoyen précieux et recommandable; mais avec le métalent et l'immoralité d'un *d'Églantine* on n'est qu'un vil histrion.

Note XXIII.

> Danton, ce mufle de damné,
> Par la nature condamné
> A porter ce masque effroyable.

On connoît la face de réprouvé du cynique Danton : son aspect imprévu a fait avorter une femme à une des séances des Jacobins, sur quoi fut fait ce madrigal :

> Aux Jacobins, devançant sa neuvaine,
> Avant son terme une femme accoucha :

> Grand tintamarre; un docteur s'approcha.
> Qu'est cela, dit-il, citoyenne?
> Quelque rustre auroit-il foulé ce rejeton,
> Ou le fumet des braves sans-culotte
> A-t-il hâté l'essor de l'avorton?
> Lors la pauvrette entre ses dents marmotte....
> C'est que je viens d'apercevoir Danton.

Il falloit les convulsions oratoires de ce damné pour faire dignement le panégyrique du Cerbère de l'antre jacobite.

NOTE XXIV.

> Et vous, l'honneur du cotillon,
> Soit en pierrot, soit en haillon.

Il faut avoir assisté à ces assemblées de Jacobines, pour se faire une idée des inepties, de la grossière ignorance, du ton dogmatique, des fureurs de ces possédées, arrachées à leur pot-au-feu par les prédicans de la secte. Il faut les avoir approchées pour croire à la puanteur qu'exhale ce ramas infect de furies.

Note xxv.

De ses forfaits il a le prix,
Le digne maire de Paris.

Pache a de l'esprit et une grande profondeur de scélératesse : c'est le *Desrues* de la révolution. Il a bien senti que sa figure le déceloit, car elle est le siége de l'hypocrisie; et il a mis tant bien que mal les intentions de ses yeux à l'abri des verres de ses lunettes. Il n'y a que le plus grand aveuglement, la complicité, ou l'esprit de vertige répandu sur cette malheureuse république, qui ait pu entretenir si long-temps l'illusion à l'égard de ce redoutable personnage, qui joue tous les partis, et qui est évidemment l'émissaire affidé du plus insolent des despotes, *de Castries*, son ancien maître. Suivons la marche de ce prétendu *Montagnard*, et remontons à ses premiers pas. Il est le fils du suisse de la ci-devant comtesse *de la Mark*, fille du célèbre maréchal de *Noailles. Castries*, qui commençoit à cette époque la grande fortune qu'il a faite depuis, étoit de la société intime de madame *de La Mark*, femme recommandable par sa bienfaisance, par son esprit, par ses lumières et par son amour pour les arts. Elle attacha le jeune *Pache*, qu'on avoit fait élever de sorte à le tirer de l'état de domesticité, au marquis de *Castries*. On ne croira pas, sans doute, qu'il ait puisé à l'école d'un tel patron l'amour de la liberté, de l'égalité et du républicanisme. *Castries* lui fit un bien-être, et *Pache* exerçoit encore dans l'hôtel de ce très impudent seigneur, une sorte de surveillance sur ses enfans et ses domestiques à l'époque de la révolution où le peuple se porta à l'hôtel de Castries qu'il alloit bouleverser de fond en comble lorsque la garde nationale vint empêcher les progrès du désordre. Ce n'étoit point là de quoi donner à *Pache* l'avant-goût de la sainte popularité, lui qui avoit été, depuis qu'il étoit au monde, commensal de l'aristocratie. Je ne sais comment il se tira de cette bagarre. Tous les *Castries* furent dispersés, mais *Pache* resta, et *pour cause*. Je le perds de vue jusqu'au moment où la protection de *Roland* fit nommer ce patriote de nouvelle trempe à une place de commissaire du pouvoir exécutif, qu'il quitta bientôt pour venir occuper, par la même protection, le poste de ministre de la guerre. Que fait *Pache ?* Après avoir eu toute sa vie sous les yeux l'exemple de son maître, le plus morgueux, le plus vain, le plus magnifique et le plus recherché des courtisans; résolu qu'il était de se jeter à corps perdu dans le parti jacobite, la métamorphose la plus prompte ne lui coûte rien. Pour capter les *sans-culottes*, il donne sur-le-champ audience avec une souquenille déchirée, et il se met à tutoyer ses frères et amis, et à leur permettre les familiarités les plus ridicules. Voilà le loup déguisé en berger : voilà Guillot le sicophante au milieu de la bergerie.

Les principes de *Roland* n'étoient pas exagérés. Malgré les clabauderies des *Monta-gnards*, ce ministre a toujours été regardé comme un honnête homme, que la dureté de son caractère a dû souvent exposer aux persécutions de la haine. *Pache*, qui prévoit que *Roland* succombera sous le parti de la *Montagne*, ne se souciant plus, d'ailleurs, d'être vu de trop près par ce ministre, devient tout à coup, pour plaire à la faction *jacobite*, le plus cruel ennemi de son bienfaiteur : il le travaille d'abord sourdement, il le poursuit bientôt sans relâche; il le tourmente, il le dénonce, et parvient enfin à se débarrasser d'un surveillant incommode. Le voilà donc les coudées franches dans le ministère de la guerre, élevé jusqu'aux nues par les *sans-culottes*, le sectateur le plus ardent des *Jacobins*, et l'esclave le plus vil de toutes leurs volontés. C'étoit le moyen de parvenir à son but d'accabler larépublique de tous les maux dont elle lui est redevable, et de servir efficacement les projets de *Castries* et de ses complices.

Crimes capitaux de Pache.

A peine *Pache* est-il en fonctions, qu'il commence par désorganiser les bureaux de la guerre : il en chasse, sous le vain prétexte d'aristocratie, les chefs et les commis dont les lumières et l'expérience pouvoient contribuer aux succès des armes de la République, et entraver les mesures perfides qu'il se proposoit de prendre. Il remplace ces sujets précieux, dont les travaux venoient de réparer un grand désordre, par un *Hassenfratz* (1), pour qui la besogne étoit absolument nouvelle; par d'autres commis de la même force

-----

(1) *Hassenfratz* se nomme *Le Lièvre*. Je ne sais pourquoi il a rougi d'être le fils du maître d'un des salons de la Courtille, citoyen beaucoup plus utile que lui; et pourquoi il a ainsi germanisé son nom. Cela n'est excusable qu'autant que le patriote *Hassenfratz* auroit commis, sous le nom de *Le Lièvre*, quelques espiégleries dont il étoit prudent d'éteindre la mémoire.

et par des assassins-exécuteurs du 2 septembre : cette canaille eut bientôt fait, des bureaux de la guerre, un chaos impénétrable.

Il a donné toutes les entreprises et toutes
les fournitures à des brigands, dont les vols
scandaleux ont coûté la vie à plus de cinquante
mille volontaires.

Il a entravé la marche de tous les généraux ;
et, en dépensant plus d'argent qu'il n'en falloit pour soutenir une guerre de dix années,
il a laissé au dépourvu les armées de la Belgique, où nous serions certainement encore sans
Pache : car, de deux choses l'une ; *Dumou-
riez*, quelque immoral qu'il puisse être, eût
trahi, ou fût resté fidèle, ambitieux de gloire,
flatté de se voir à la tête d'une armée de deux
cent mille hommes, bien complète, bien
approvisionnée, d'être, en quelque sorte, le
modérateur de l'Europe, qui avoit les yeux
sur lui. Il pouvoit s'emparer de la Hollande,
faire une fortune immense, courir de triomphe en triomphe, et offrir ensuite, pour traité

de paix, les volontés de la République. S'il eût
trahi, une telle armée eût vaincu sous d'autres généraux, et les hordes réunies de tant
de nations ne saccageroient pas maintenant
notre territoire, et ne s'empareroient point
de nos plus fortes places, d'où nous les ver-
rons, en supposant que les despotes et les
traîtres ne renversent pas notre gouvernement avant deux mois, conquérir, *grâces à
Pache*, toute la Flandre françoise, l'Alsace
et la Lorraine : ils ne conserveront pas ces
provinces, mais il nous en coûtera des torrens
de sang et la dissolution de la République.

Au milieu de ces dilapidations effroyables,
dont les fastes d'aucune nation n'offrent
d'exemple, *Pache* a laissé nos frontières des
Hautes et Basses-Pyrénées à la merci des Espagnols, et tandis qu'il assuroit de vive voix
et par écrit, la Convention nationale, que
cent mille hommes, bien équipés, bien ap-
provisionnés, couvroient ces frontières, l'armée, destinée à défendre quatre-vingts lieues

de pays, ne montoit pas à trente mille hommes, qui manquoient, et, le croira-t-on? qui manquent encore de tout; d'où il est résulté que les François éprouvent l'humiliation d'être vaincus aux Pyrénées par la plus mauvaise infanterie de l'Europe, et de voir les Espagnols maîtres de Bellegarde, tandis que si *Pache* n'avoit pas été un scélérat et un traître, rien n'étoit plus facile que d'entrer en Espagne et d'y faire payer à l'infâme clergé espagnol tous les frais de la guerre.

Les calamités provenant de ces deux causes sont incalculables; c'est à lui seul que nous le devons. Les généraux ont eu beau le dénoncer, *Pache*, appuyé sur la *Montagne*, se jouoit de ces vaines dénonciations; et non content de nous laisser, en nous ruinant, dans un état de détresse qui décourageoit toutes nos armées, il envoyoit aux Pays-Bas des émissaires qui y commettoient tous les excès propres à y inspirer l'horreur du nom François, tandis que, pour bouleverser l'intérieur, il alloit lui-même, tous les jours, assisté de sa femme et de ses commis affidés, dans les casernes des prétendus Marseillois les exciter au carnage.

Pour mettre le comble à tant de perfidie, il n'a commencé à s'occuper du recrutement et des approvisionnemens qu'à l'époque où il falloit entrer en campagne, quoiqu'il eût reçu, entre plusieurs autres, deux places qui nous assuroient le succès de celle-ci, devenue si funeste pour nous du fait de *Pache*.

Pache seul a donc mieux servi la cause des puissances coalisées que les efforts réunis de l'Europe entière conjurée contre notre liberté.

Cependant l'indignation et les murmures croissant de jour en jour, les *Montagnards* aveuglés et les *Montagnards* complices prirent d'abord le parti de justifier les intentions de *Pache* par son incapacité, et de répandre qu'il étoit *pur*, mais que le fardeau de la guerre étoit au-dessus de ses forces; ce qui étoit absolument faux : il ne lui manquoit que de n'être pas un traître. Après cette sorte d'apologie, les Jacobins l'enlèvent tout à coup au ministère, et le font élire maire de Paris à force ouverte, en envoyant de braves *sans-culottes*, leurs coupe-jarrets, massacrer les sections, et voter dans plusieurs à la fois, et en y forçant les suffrages par des placards affichés jusque sur les tables de ces sections, et propres à intimider les foibles. Au lieu de monter sur l'échafaud, le voilà donc à l'hôtel de la mairie, sans avoir été tenu de rendre aucun compte de son ministère, quoique la loi soit formelle à cet égard. Les bons citoyens demandoient en vain que *Pache* rendît ses énormes comptes : on en éloignoit toujours l'examen et la reddition, parce qu'il étoit coupable, et on refusoit d'entendre ceux de *Roland*, parce qu'il étoit pur quant à sa comptabilité ; prédilection criminelle qui auroit dû dessiller tous les yeux.

Sur ce nouveau théâtre, *Pache* ne sort pas un instant de son rôle ; il caresse tous les com-

mis de la mairie; il va les visiter dans les bureaux; il les tutoie avec ses grâces ordinaires;
il emploie ses partisans à farcir la commune
et la municipalité de gens sans aveu, sans
moyens, avides de brigandages, de citoyens
tarés, dont la plupart ne savent pas signer
leur nom, mais qui ont tous les vices des
sans-culottes pervers, sans avoir aucune des
vertus des *sans-culottes* honnêtes, un des plus
fermes appuis de cette malheureuse République. Il livre l'administration des blés et
farines à une bande de fripons. Le peuple
pauvre, dont on entretient la patience avec
des affiches et par le secours des *parleurs*,
supporte tant de maux avec une résignation
égale à sa misère, et *Pache,* qui affame ainsi
Paris afin de lui faire regretter les temps *heureux* de l'ancien régime, en est quitte pour
aller de temps en temps dire à la barre de la
Convention, et pour faire afficher que cette
disette est l'œuvre des malveillans. Ah! s'il
pouvoit être vrai que ce bon peuple, si indi-

gnement égaré, préférât tant d'extrémités cruelles à l'esclavage, nous serions encore invincibles malgré tant de perfidies et de revers !

On a déjà vu avec quelle hypocrisie le maire de Paris machinoit dans les conciliabules de la mairie, pour le 31 mai, le carnage de la capitale, et avec quelle adresse il évitoit de se compromettre devant la commission des douze : ainsi nous nous contenterons de ramener l'attention de nos lecteurs sur cette époque mémorable. (1)

------

(1) Après la journée du 31 mai, cet imposteur a l'audace de dire, dans une adresse emphatique des Parisiens à leurs frères des départemens, signée *Pache*, que les épais bataillons des républicains ont baissé leurs piques et leurs baïonnettes devant les représentans; tandis que nous avons vu les sentinelles refuser la sortie à plusieurs députés; tandis que nous avons vu l'assassin *Henriot* s'opposer à ce que la Convention en corps, son président à la tête, sortît des Tuileries, crier aux armes, et menacer la Convention de faire feu sur elle.

Et ce monstre existe! Et une malheureuse cuisinière, pour avoir manifesté ses opinions sur la royauté (ô République françoise! les opinions politiques d'une cuisinière!), a péri sur l'échafaud! Et les Parisiens se consolent de tout cela par des fêtes civiques (1), et en chantant la *carmagnole!*

____

(1) Quel spectacle sublime et attendrissant que cette dernière fête populaire! L'art de l'exécution y paroissoit encore au berceau, mais ce berceau est celui d'Hercule. Quel augure consolateur de toutes les tempêtes que nous avons encore à essuyer! Ah! les enfans qui ont été témoins de cette fête auguste annonceront à l'univers, dont les François auront brisé les chaînes, l'aurore fortunée de l'âge d'or. Quel est celui qui a pu retenir ses larmes? Quelles délicieuses impressions dans les âmes profondément pénétrées du saint amour de l'humanité! Avec quelle noble décence cette portion du peuple françois commence à sentir sa dignité simple et modeste, et le charme de ces liens sacrés qui doivent unir un jour l'immense famille des hommes. Scélérats! quels pas de géant un tel peuple eût faits, sans vous, vers l'époque du bonheur universel! Avec quels trans-

Il sera bien essentiel d'observer ici que *Cambon*, dans son rapport sur l'état dans lequel le comité de salut public a trouvé la République, *Cambon*, qui entre dans tous les détails des diverses parties de l'administra-

---

ports ineffables un philanthrope eût assisté à ce triomphe de la nature et de la raison, s'il avoit pu se dire : Les représentans, les magistrats populaires, les administrateurs, qui conduisent cette foule majestueuse en se confondant avec elle, sont surtout recommandables par leurs vertus et par leurs mœurs! Quelle douceur céleste ce sentiment eût ajoutée au spectacle de la première fête consacrée à l'humanité, au moment même où tant de milliers d'hommes, aveuglés par les préjugés et par l'esclavage, s'arment pour étouffer dans notre sang le germe divin de la félicité du monde! Ils luiront pour nos descendans ces jours fortunés dont ils feront remonter l'époque à cette célèbre journée; et nous, au milieu des calamités qui nous accablent, nous n'avons d'autre consolation que de partager avec ces hommes, nés dans des siècles plus heureux, la jouissance anticipée de leur bonheur, qui nous coûte tant de larmes.

Les vrais enfans de la patrie eussent désiré que les

tion, ne prononce seulement pas le nom de *Pache*. Il saute par-dessus son ministère ; il ne croit pas même devoir faire mention pour mémoire de près de 5oo millions dont *Pache* ne peut rendre aucun compte. L'auteur de tous nos désastres, *celui qui va détruire la*

---

préparatifs de cette cérémonie sacrée eussent été plus soignés ; que l'arche de la constitution et des droits de l'homme eût été plus imposante ; qu'on n'y eût point vu de charrettes dont les formes sont si désagréables et si avilies ; qu'on y eût substitué des chars emblématiques selon leur destination ; que celui qui portoit l'urne ciné-raire des héros patriotes eût été bronzé et à relief ; que la charrue, instrument et symbole du premier des arts, eût été élevée sur un char triomphal, entouré de tous les attributs de Cérès, emblème si noble et si pathétique de la bienfaisance du grand Être. On n'y a point vu sans une sorte de discordance déchirante le buste d'un vil écrivassier comme *Marat* servir de pendant à celui d'un homme tel que *Jean-Jacques*, et sans horreur qu'un monstre comme *Henriot*, couvert de crimes et souillé de sang, commandât, pour ainsi dire, la fête de l'Hu-manité.

République, échappe à la plus légère cen-
sure. Citoyens, croyez-vous que si les *Montagnards* avoient eu les mêmes armes contre
Roland, dont ils ont refusé sans pudeur de
vérifier les comptes, ils ne l'eussent pas livré
à la rigueur des lois ? Quelle foi pouvons-
nous donc ajouter au rapport de *Cambon ?*
L'invulnérable maire de Paris, évidemment
criminel de lèse-nation au premier chef, brave
avec impunité, en consommant notre ruine,
toutes les lois constitutionnelles de l'État, et
un misérable cocher, abruti de vin et de misère, a porté sa tête sur un échafaud, pour
avoir tenu quelques discours insensés dignes
des Petites-Maisons ! Il est vrai que M. *Pache*
est aux ordres de la clique ; qu'il a l'amour
des *sans-culottes* dépravés ou aveugles ; qu'il
assemble et protége tant qu'on veut des conciliabules de sang ; qu'il est toujours prêt à
favoriser des insurrections et des massacres ;
qu'il a servi de tout son pouvoir la *révolution* du 31 mai, opération dont il est aussi

difficile qu'effrayant de calculer les suites, et
à laquelle il étoit si aisé de substituer des mesures plus sages et plus efficaces, si l'on avoit
voulu faire à la patrie le sacrifice de l'amour-
propre et des petites passions. Il est vrai que
M. *Pache* inonde les départemens d'adresses
jacobites imprimées à la mairie ; qu'il fait
arrêter tous ceux qui font ombrage à la *Montagne;* qu'il fait afficher tous les placards dif-
famatoires et calomnieux que les Jacobins lui
commandent; qu'il sait fomenter des émeutes
pour les attribuer à leurs ennemis; qu'il s'est
identifié avec l'assassin *Henriot;* que, par
les ordres de la *Montagne,* il a fait sonner le
tocsin et fermer les barrières le 31 mai, malgré la loi qui prononce la peine de mort;
que ce jour-là même il fit persuader, par ses
émissaires, aux citoyens des faubourgs, cette
imposture, qui n'eut cependant point le succès que les massacreurs en espéroient, que
plusieurs sections de Paris avoient arboré la
cocarde et le drapeau blanc : il est vrai qu'il

étoit l'ami de *Marat* (1), et qu'enfin tous les citoyens *sans-culottes*, quels qu'ils soient, sont traités dans les bureaux de M. *Pache* avec la plus grande considération, et les citoyens *porte-culottes* avec la plus grossière insolence. M. *Pache* est donc un excellent patriote : le moyen de ne pas pousser l'indulgence jusqu'à l'attendrissement envers un aussi digne magistrat! Qu'est-ce que cinq ou

----

(1) De quelles absurdités révoltantes ne sommes-nous pas témoins à l'occasion de ce vil scélérat! Nous venons de voir sa prétendue veuve qui a un autre mari, et qui n'étoit conséquemment que sa concubine, quoiqu'un apologiste de *Marat*, bien digne de son héros, nous atteste qu'il l'avoit épousée dans le grand temple de la Nature; nous venons de la voir accourir, comme Andromaque, à la Convention nationale, s'y plaindre de ce que les graveurs n'ont pas fait son mari, qui étoit le plus hideux du monde, assez beau sous le poignard, tandis qu'ils ont prodigué les charmes à *Charlotte Corday*. Elle réclame la protection de la Convention nationale; elle veut qu'il soit nommé des experts pris dans son sein

six cents millions de plus ou de moins, lorsqu'il s'agit de ne pas troubler son repos ?

NOTE XXVI.

Le petit avocat Gohier.

Le ministre de la justice *Gohier*, dans sa
poëtique et ridicule adresse aux François, re-
passe tous les sophismes des *Montagnards.*

---

pour présider dans une nouvelle planche à la pantomine
mortuaire de M. *Marat;* elle demande justice des calomniateurs de cet illustre patriote qui n'a jamais calomnié personne; elle va jusqu'à invoquer des actes
d'autorité arbitraire en faveur de ses mânes; et la Convention n'a pas fait chasser cette effrontée, qui avoit
appris par cœur un beau discours composé aux Cordeliers; et elle l'a laissée, sans respect pour les mœurs,
jouer, dans le sanctuaire des lois, le rôle de la vertueuse
Cornélie qui demande vengeance de la mort de Pom-
péc, l'urne cinéraire de ce héros dans ses chastes mains.
Quelle subversion de tout ce qu'il y a de plus saint
parmi les hommes !

7

Lorsque les faits, qu'il ne sauroit contester, mettent sa logique en défaut, il se retranche, comme ces messieurs, derrière la Constitution : il imite ce charlatan qui s'écrioit, en faisant l'énumération de toutes les vertus de son baume : Ayez la goutte, la gravelle, la fièvre ; soyez paralytique, apoplectique, asthmatique, étique, etc., avec mon baume *je m'en bats l'œil. Gohier* assure aussi que, moyennant la Constitution, on ne doit tenir aucun compte de toutes les calamités qui nous accablent : ce ne sont que des bagatelles ; il ne prévoit pas même cette objection : Que fait à la famine et à notre bonheur une Constitution violée tous les jours par toutes les autorités constituées et usurpatrices, quoiqu'elle soit maintenant sanctionnée par la majorité du peuple souverain ?

Au lieu de tonner, en sa qualité de ministre de la justice, contre le sommeil et la violation des lois, il se met à faire valoir, comme *la Montagne* et ses journalistes, le grand nombre d'adhésions aux mesures du 31 mai, et l'excellence des divers articles de la Constitution. Avant qu'elle fût sanctionnée, ce charlatanisme n'étoit que dérisoire ; aujourd'hui il devient un attentat. Il faut sans doute être fou, imbécille, roi, prince, gangrené de préjugés, ou dévoré de l'intérêt personnel, pour nier que cette Constitution est le code de l'humanité : de quelques désastres qu'elle puisse être frappée dans sa naissance, elle n'en servira pas moins de base à l'affranchissement du genre humain. Cette grande vérité ne peut plus être mise en question ; mais ce qui doit y être mis sans relâche, est de savoir :

Pourquoi, immédiatement après la sanction du peuple souverain, le règne des lois n'a pas commencé ?

Pourquoi la Convention nationale n'a pas fait rentrer sur-le-champ dans le cercle de leurs pouvoirs, la commune, la municipalité, les sections, le *club* électoral, et cette foule d'autorités usurpées qui désolent la capitale?

Pourquoi elle n'a point ordonné le même jour, à tous les corps constitués et non constitués qui ont manié des deniers publics, d'en remettre le compte le plus prompt et le plus sévère?

Pourquoi elle n'a pas donné le même ordre aux ex-ministres, qui se jouent impunément de leur prétendue responsabilité, et qui sont la cause principale de tous nos malheurs?

Pourquoi, en un mot, la Convention nationale n'a-t-elle pas décrété que nul citoyen, individuellement ou collectivement, nul fonctionnaire public, ne pourroit désormais porter atteinte à aucun article de la Constitution sanctionnée, sans encourir la rigueur des lois?

Qu'on ne vienne pas m'alléguer que la crise où nous sommes nécessite des mesures extrêmes, et souvent contradictoires avec la Constitution, et qu'il faut attendre que l'orage commence à se calmer. Ce prétexte parasite n'est qu'un sophisme de la médiocrité et de la scélératesse. Je réponds que l'abri le plus sûr contre cet orage même est celui de l'égide des lois; que cette mesure subite, juste et vraiment politique, en eût imposé à nos ennemis et aux puissances neutres; qu'elle auroit répandu dans tout l'empire une terreur respectueuse et salutaire; qu'elle eût réveillé les élans du patriotisme dans le cœur d'un grand nombre de citoyens excédés de l'anarchie, et qu'il suffisoit d'une séance pour opérer cette métamorphose.

Ministre de la justice! ce n'est pas là votre avis : je n'en suis point étonné; mais je le suis beaucoup que vous osiez soutenir que, moyennant l'apparition de la Constitution, nos législateurs ont rempli leur tâche. Les bornes de cet ouvrage ne me permettent pas de tracer ici celle qui leur reste à remplir. Je sais bien que les mesures hors de la loi sont bien plus commodes, et surtout plus favorables à

l'essor des passions ; mais j'ose crier à ces législateurs, la Constitution à la main : Frappez
cette foule de tyrans, de concussionnaires
publics et de faux patriotes ; que tout rentre
sous le sceptre de la loi, et la République est
sauvée, malgré l'état déplorable où vous l'a-
vez réduite.

Gohier se complaît surtout à exalter dans la
Constitution la liberté individuelle, celle de
la pensée, de la presse et des opinions : il
choisit, pour faire cette apologie, l'instant où
les *Montagnards* et leurs sectaires ne connoissent d'autre logique que cet axiome : *Pense
comme moi, ou je te tue ;* où les journalistes
qui n'adoptent pas toutes les rêveries sanguinaires du troupeau *jacobite* sont en proie
aux avanies, au pillage, et n'évitent même la
mort que par la fuite ; il choisit l'époque où
un citoyen n'oseroit dire que *Marat* n'étoit
qu'un vil barbouilleur de papier, sans courir
le risque d'être assassiné ; où tous les corps
constitués et non constitués, et le moindre

fonctionnaire public, font arrêter qui bon leur semble ; où l'on n'offre, au nom de la patrie, aux *ci-devant*, que cette affreuse alternative : *Si tu émigres, tu seras dépouillé de tes biens ; et condamné à la mort si tu n'émigres pas ;* eusses-tu ce mérite de plus que les autres citoyens, d'avoir sacrifié de bonne foi, à la raison et au patriotisme, tes affections et tes préjugés, *tu seras honni, vexé, incarcéré, et peut-être massacré :* celui-là porte un cœur de tigre, qui n'est pas attendri d'une pareille situation. Et vous croyez, citoyen ministre, qu'il n'entre pas dans ces mesures monstrueuses une forte dose d'envie triomphante et de cupidité, dont on se déguise à soi-même les basses jouissances sous la figure du patriotisme ?

Que fait tout cela à la Constitution, dites-vous ? Je réponds que cela fait beaucoup, en ce que les hommes qui ont publié et fait sanctionner une constitution répressive de toutes ces violences, sont les mêmes hommes qui

ont gravé, et qui continuent à entretenir ces
dispositions infernales dans le cœur des citoyens de leur secte : d'où il suit que ces mandataires édifient d'une main, et détruisent de
l'autre, ce qui altère nécessairement l'amour
pour notre Constitution et la confiance qu'elle
doit inspirer. Que servent les lois les plus
sages, si, non seulement on ne les met pas en
vigueur ; mais si on empêche encore qu'elles
n'y soient ? C'est ainsi qu'on aura beau consacrer la liberté et multiplier ses emblèmes par
tout l'empire ; cette liberté ne sera qu'illusoire
dans toute l'étendue de la République tant
que les commissaires-proconsuls existeront :
ils sont despotes de fait dans nos départemens.
N'est-il pas effrayant que deux individus y
commandent en souverains, ainsi qu'aux autorités constituées et à nos armées, et qu'ils
soient investis de tous les pouvoirs qu'il est
possible de cumuler dans les mains d'un
homme ? Qui a donné le droit à nos représentans de rétrocéder à un citoyen isolé ceux

qu'ils tiennent du peuple, et qui ne sont at-
tribués qu'au *corps entier* de la représentation
nationale? Qu'elle envoie des commissaires
pour prendre des instructions, pour vérifier
les rapports des ministres, pour croiser les
manœuvres des contre-révolutionnaires, pour
surveiller les autorités constituées, pour éclairer la conduite des généraux; rien n'est plus
sage : mais lancer au milieu du peuple souverain des despotes armés d'une autorité illimitée,
c'est le comble de l'audace et du délire politique. Sans ces moyens extrêmes, dites-vous,
les opérations seront plus lentes : eh bien,
elles le seront, et ce sera toujours votre faute,
législateurs! Que ne vous y prenez-vous à
temps? Pourquoi attendez-vous sans cesse que
le mal soit à son comble pour essayer le re-
mède? Alors vous êtes obligés d'avoir recours
au régime violent. Pourquoi avez-vous épar-
gné et même soutenu les ministres auteurs
de tous nos maux? Pourquoi, lorsqu'il s'agissoit du salut de la République, n'avez-vous

pas fait vérifier sur-le-champ si les rapports qu'ils vous faisoient étoient fidèles? Pourquoi vous êtes-vous mis vous-mêmes, par cette négligence, dans la nécessité d'envoyer des despotes, créés de votre autorité? Vous êtes coupables, et des crimes de ces ministres, et des suites funestes de leur administration, et de tous les actes de despotisme exercés par vos proconsuls.

Voyez le résultat de votre opération du 31 mai, où, après avoir manqué votre coup très heureusement pour les autres, et pour vous-mêmes, vous avez été réduits à prendre, de concert avec la vénérable commune, les tournures *d'escamoteurs*, si je puis me servir de cette expression. Vous avez enfanté ce jour-là dix *Vendées*. Il y avoit néanmoins des mesures bien plus sages à prendre que celles que vous avez prises, et dont les suites funestes sont incalculables; mais il auroit fallu faire à la patrie le sacrifice de vos méprisables petites passions : alors si nous avions eu le malheur de voir marcher sur la capitale un ennemi victorieux, nous étions encore formidables au-delà de la Loire jusqu'aux Pyrénées, et de l'autre côté jusqu'aux Alpes.

Lorsque la force de la vérité et de la raison vous presse, ajournons nos plaintes, vous écriez-vous, comme *Gohier*, la patrie est en danger! Ajournez donc aussi l'anarchie, vos bévues et vos emportemens. Quoi! les opprimés seront tenus de faire tous les sacrifices, et les oppresseurs auront pu commettre des crimes, violer les lois, s'abandonner aux convulsions de la haine, de la vengeance et de la cupidité; mettre ainsi la République à deux doigts de sa perte; et ils se croiront dispensés, non seulement de réparer, en changeant de conduite et de marche, tous les maux qu'ils ont faits; mais ils ne conviendront pas même d'un tort; ils accuseront d'incivisme tous les citoyens qui s'élèvent contre leurs égaremens! Eh! ce sont-là les derniers excès de la tyrannie: la seule idée d'une telle oppression peut inspirer la fureur : un siècle de guerres civiles seroit préférable à un esclavage aussi avilissant ; j'entends pour une nation : car s'il ne s'agissoit que de mon esclavage pour sa prospérité, je tendrois gaîment mes mains aux fers, et, dans les chaînes, je jouirois avec transport de la liberté de mon pays.

Si vous voulez que la partie, quoique vous puissiez en dire, la plus formidable des citoyens se réunisse tout entière, ajournez surtout la violence de vos mesures. Qu'on n'entende plus un *Dartigoyte* s'écrier à la tribune des Jacobins, deux jours après que la Constitution a consacré le respect pour la vieillesse, qu'il *faut s'assurer des vieillards et des femmes*, comme le plus sûr moyen, sans doute, de battre les Autrichiens (1). Craignez

---

(1) Quelques jours après cette proposition lumineuse de Dartigoyte, c'est-à-dire le 18 du présent mois d'août, à la séance du matin des Jacobins, un orateur a dit : *Citoyens, on a renouvelé les journées du 14 juillet et du*

de faire dire que les élans de ce patriotisme
terrible, qui ne compose point avec la morale
même, ne sont peut-être que ceux de l'intérêt
personnel et de la peur; que vous vous in-
quiétez fort peu de ce que le peuple françois
va devenir, mais beaucoup de ce que vous
allez devenir vous-mêmes; et que dans votre

---

10 *août, il faut renouveler celle du* 2 *septembre.* Toute la
salle a retenti d'applaudissemens; les femmes avoient
des convulsions de joie (*sexe enchanteur!*). Il y avoit à
cette séance une centaine de députés des assemblées
primaires, jacobins sans doute. Ils ont applaudi avec
transport. Ils sont tous prêts, ces dignes députés! L'un
d'eux s'est avisé de faire cette observation : « Prenez
garde, citoyens; on va dire dans les départemens qu'on
n'avoit point calomnié Paris.» Il a été couvert de huées.

Ainsi se poursuit et comporte opiniâtrément la jaco-
binière; *sic voluére*, ces grands patriotes. Ils appellent
cela de l'énergie. On aura peine à croire un jour comment, dans cette capitale immense, dans laquelle, après
tout, les Jacobins font le plus petit nombre, une horde
d'assassins faisant publiquement de pareilles motions
n'a pas été exterminée une heure après!

trouble vous embrassez avec avidité les opinions les plus extravagantes, pourvu qu'elles
vous offrent quelque espoir de salut ou la consolation barbare de vous faire précéder dans
votre chute par des victimes innocentes. Vous
ne pouvez vous dissimuler que, malgré vos
précautions inquisitoriales et vos caresses
perfides, la nation aux abois ne soit excédée
de votre régence et de la tyrannie sans
exemple de vos *clubs* jacobites, que la vertu
de vos soporatifs ne s'atténue tous les jours,
que le peuple commence à se réveiller, et
que son réveil peut être dangereux. Puissiez-
vous voir de même que notre grand malheur,
dans les circonstances affreuses où nous
sommes, est, qu'en exigeant tout des autres
dans de belles adresses, vous voulez qu'on
n'exige rien de vous; que vos passions sont
plus en jeu que jamais, et cela parce que les
meneurs sont trop jeunes; que les déprédations de vos favoris et votre despotisme ont
exaspéré un très grand nombre de vrais ci-

toyens, qui ont aussi leurs passions, et qui ne savent pas plus que vous en faire le sacrifice comme les philosophes, et qu'en un mot, la plupart de ceux que vous croyez vos sectateurs les plus fidèles, s'éleveroient bientôt contre vous, s'ils entrevoyoient dans cette défection quelque lueur d'intérêt ou de sûreté. Cependant, malgré ces vérités effrayantes, il ne reste point aux citoyens vraiment épris de l'amour de la patrie le choix de deux partis, il n'y en a qu'un seul à prendre, celui de s'unir à vous, quelque risque que courent vos patiens d'être encore opprimés après le succès ; et quand même ils seroient certains que vous allez adopter de mauvaises mesures, le plus grand péril qu'il y ait à courir, c'est que parmi ceux de vous qui paroissent les plus enthousiastes, il n'y en ait plusieurs qui s'occupent maintenant des moyens de vendre la République.

Je ne doute pas que les dupes, les *faux montagnards*, les hypocrites et les fripons dont Paris abonde, ne trouvent que tout ceci n'est que du *modérantisme*, du *fédéralisme*, du *rolandisme*, du *girondisme*, du *brisso-tisme*, du *royalisme* même; qu'ils n'épuisent en ma faveur les inepties perfides du diction-naire *montagnard*, mais je ne laisserai pas de croire que je suis meilleur républicain qu'eux, que l'avenir va prouver *tout à l'heure* que j'ai raisonné juste; qu'excepté les scélérats, tous les autres n'ont su ni ce qu'ils disoient, ni ce qu'ils faisoient, et que mon *adresse* est beaucoup plus civique que l'adresse servile du ministre de la justice.

Note XXVII.

Vous y lisez que le destin
Le fit pour être jacobin.

Il y a deux classes de Jacobins : les *meneurs* et les *menés*; il suffit, pour ouvrir les yeux sur les intentions des premiers, de les regarder au visage. C'est une véritable collection de ces figures de calvaire où l'artiste a voulu impri-

mer le sceau de l'hypocrisie ou de la scélératesse.

Note XXVIII.

Vous fûtes moine, ami Chaumet'.

Chaumette, procureur-syndic de la Commune, a fait imprimer, dans une affiche, qu'il
n'avoit jamais été moine : mais comme j'ai eu
l'honneur de lui parler, sur la place de Ne-
vers, à lui *Chaumette*, revêtu de l'uniforme
de Saint-François, il ne m'est pas possible
d'être de l'avis de l'affiche. *Chaumette* fait,
dans cette pièce rare, l'énumération de tous
les métiers qu'il a exercés pour se préparer à
devenir procureur-syndic de la Commune : il
dit qu'il a été mousse et chimiste. Je n'en se-
rois point surpris, vu le train dont il grimpe,
et la dextérité avec laquelle il extrait la quin-
tessence de sa place. Cette affiche de *Chaumette,* dans laquelle il avoue toutes ses pro-
fessions, excepté celle de moine, ressemble
parfaitement à la tirade de Crispin dans *les*

Folies amoureuses, à cela près que le syndic ne finit pas la sienne, comme Crispin, par ce vers :

Et j'étois miquelet dans les guerres d'Espagne.

On a répandu que les vases qui disparurent en même temps que le révérend père étoient sacrés : c'est une calomnie; ils ne l'étoient pas. Ce n'est point que notre moine-syndic soit scrupuleux en fait de profanations; car nous lisons dans un discours imprimé de *Chaumette*, prononcé à la Commune à l'occasion des tentures de la Fête-Dieu, ces propres paroles :

« Nous tendrons aussi des tapisseries pour « recevoir dans notre sein le *Dieu suprême*, « le peuple souverain. »

Il n'y a qu'un abominable moine capable d'attenter ainsi à la majesté du grand Être, blasphémé publiquement et impunément par un magistrat (vil insecte!). Jamais le plus lâche flatteur d'un roi n'a porté la bassesse à un tel excès. Ce *peuple souverain*, aussi digne d'hommages, selon *Chaumette,* que l'Être suprême, étoit un rassemblement de *sans-culottes* des faubourgs, qui venoient solliciter les subsides qu'on leur avoit promis pour prendre les armes le 31 mai (1), et que ces messieurs leurrent constamment de cette imposture criminelle et attentatoire à la souveraineté de la nation, qu'une poignée de citoyens constituent le *souverain* dès qu'ils sont ameutés.

NOTE XXIX.

Hébert, adjudant du syndic.

Hébert, substitut du procureur-syndic, a été d'abord ouvreur de loges aux *Variétés,* où il a tenu ensuite une petite caisse, avec laquelle il *fit un trou à la lune.* Après quelques autres fredaines, il fut incarcéré, et re-

____

(1) Voilà ce qu'on appelle le peuple souverain, qui se lève tout entier dans un transport patriotique.

parut tout à coup sur le théâtre des *grands
patriotes*. On observera que ces *virtuoses*
n'ont d'autre parti à prendre, pour faire ou-
blier leurs espiégleries passées, présentes et
futures, et pour se glisser dans des places
lucratives, que de devenir *Jacobins* bien pro-
noncés, bien enragés, bien sanguinaires. Le
moyen de ne pas croire au civisme et à la
pureté des *Chaumette* et des *Hébert?* C'est ce
vénérable magistrat qui est l'auteur du *Père
Duchesne*. Il a manqué publiquement de respect à cette portion du peuple qu'il appelle
aussi *souverain*, en assurant la Convention
nationale que le style du *Père Duchesne* étoit
le seul qui convînt à la majesté de ce peuple :
or, *Hébert* prêche tous les jours, dans cette
feuille immonde, le brigandage et le meurtre,
et y parle la langue des plus infâmes repaires
de prostitution, et des voleurs de grand che-
min qui s'enivrent dans un cabaret. Le comité
d'instruction publique laisse ce misérable cor-
rompre ainsi les sources de celle du peuple,

qu'*Hébert* prétend éclairer dans son libelle aussi atroce que dégoûtant.

Peuple françois, il est temps de ne plus fermer les yeux sur l'état déplorable de la chose publique. Et pourquoi le dissimulerions-nous? De vrais républicains doivent affronter tous les dangers, mais ils doivent aussi les connoître. Toute inquisition politique est indigne d'eux. Laissons ces vains ménagemens et ces réserves, quelquefois si funestes aux peuples infortunés, dont les tyrans ne perpétuent l'esclavage qu'en entretenant leur ignorance. Le tableau de nos calamités fait horreur; mais notre courage est encore au-dessus de tant de maux. François, c'est maintenant qu'il ne vous reste d'autre alternative que l'esclavage ou la victoire.

Nos mœurs sont plus corrompues que jamais, et c'est le résultat infaillible de la licence, qu'on vous a fait prendre pour la liberté (1). L'égoïsme, l'affreux égoïsme, l'ignorance, l'esprit de rapine, la mauvaise foi, la haine, l'envie, la vengeance, la cruau-

---

(1) Parmi tant de preuves, je n'en citerai que deux. Ce bon peuple, que nous avons vu si long-temps s'attendrir jusqu'aux larmes à l'aspect d'un criminel qu'on menoit au supplice, les prédicans jacobins l'ont tellement enivré de leurs fureurs, qu'il est aujourd'hui le seul peuple du monde policé qui insulte les patiens, qui les charge de malédictions et d'invectives, et qui applaudisse aux exécutions comme au théâtre (on y a entendu crier *bis*). Lorsque quelque traître ou quelque malheureuse victime de ses préjugés est conduit à l'échafaud, la même rage les y poursuit; il faut voir surtout sortir à grands flots de l'antre jacobite, par-devant lequel la marche des criminels est dirigée, des groupes d'énergumènes des deux sexes; on diroit d'une peuplade de sauvages avides de sang. Les airs retentissent d'imprécations, de cris de joie, de hurlemens barbares; on entend des femmes s'écrier (c'est à moi que l'une d'elles adressoit ces paroles, pour me faire partager ses sentimens): « Foi de chrétienne, nous ouvrirons le ventre à tous les « aristocrates qui ne seront pas guillotinés; nous les con-

té, la soif de l'or, président à toutes les actions des administrateurs et des administrés. Des scélérats sans mœurs, sans probité, sans

---

« noissons à leur coiffure et à leurs souliers pointus. » (Tel est le costume qui suffit pour avoir le ventre ouvert. La bande des ci-devant *coupe-têtes*, qui ont pris le nom de *tape-dur*, reconnoissent, eux, les citoyens qu'il est indispensable de massacrer, à la redingote que ces messieurs nomment *carrée*, c'est-à-dire longue et croisée.) Les uns et les autres disent hautement qu'il faut égorger, avant de partir, tous les ci-devant, leurs femmes, leurs enfans, tous les prêtres et tous les marchands. Ce même peuple, qui auroit crié grâce pour un assassin, regarde maintenant tout accusé comme coupable; il aspire à sa condamnation. Si on l'en croyoit, accuser et exécuter ne seroient plus que le même acte; et ne pouvant être assez promptement satisfait, il assiége les tribunaux, il s'y porte en foule; sur la simple déposition d'un témoin à charge, il crie : A la guillotine! Il veut forcer les opinions des juges; il les menace de mettre le feu au Palais si le prévenu n'est pas exécuté. Toutes ces horreurs se passent sous nos yeux, et l'impudent *Cambon*, organe de la horde, ose dire qu'on a ca-

connoissances, sans principes, dirigent l'opinion publique. Nos représentans affectent de fouler aux pieds tout ce qui pouvoit im-

---

lomnié Paris. Les démons qui ont inspiré un pareil délire jouiront-ils long-temps du spectacle de leurs crimes?

Tandis que ces victimes des fureurs jacobites cherchent à s'abreuver de sang, les marchands travaillent de leur mieux à mettre leurs concitoyens dans l'impossibilité de subsister : ils choisissent, pour hausser quelquefois d'heure en heure le prix des denrées de première nécessité, le moment où nous devrions nous entr'aider tous; ils ne peuvent pas se déterminer à faire à leur malheureuse patrie le sacrifice de leur cupidité, en se contentant d'un gain médiocre : l'avarice les aveugle au point de ne pas concevoir que la prospérité future et générale dépend de notre union, de notre fraternité, de l'intérêt mutuel, qui peuvent encore nous rendre invincibles. Les paysans des environs de Paris vendroient un chou six francs s'ils le pouvoient. Ils prétendent, en s'enrichissant, qu'ils ne doivent rien payer, parce qu'ils sont libres; et dans plusieurs municipalités voisines, le rôle des impositions de 1789 n'est pas encore fait. C'est ainsi qu'on a corrompu l'esprit public, parce qu'on a eu

poser aux nations, et leur inspirer l'amour
de la liberté. On a érigé les vices en vertus;
on a fait des vertus républicaines de violer
toutes les bienséances, de n'avoir ni justice,
ni dignité, ni clémence, ni modération; les
déprédations sont portées à leur comble dans
toutes les parties du régime politique (1); des
brigands s'arrachent de toutes parts les lam-
beaux des dépouilles nationales; la République entière est au pillage, et tous les scélérats qui la dévorent n'ont dans la bouche
que les mots de patriotisme et d'égalité. Des
sommes immenses, des sommes incalculables,

---

la perfidie cruelle de ne jamais parler au peuple que de
ses droits. Ah! qu'il avoit raison de s'écrier, l'immortel
Jean-Jacques : « Pauvres gens! qui ne savent pas même
« ce que c'est que la liberté. S'ils en connoissoient les
« austères devoirs, ils la fuiroient comme un fardeau
« prêt à les écraser. »

(1) Si l'on pouvoit seulement calculer les déprédations
et les brigandages commis à l'Hôtel-de-Ville depuis les
premiers jours de la révolution, les sommes immenses

et qui auroient suffi, comme nous l'avons observé, pour soutenir une guerre de dix ans contre toute l'Europe, ont été englouties en un clin d'œil; des torrens de sang ont coulé, et les ennemis occupent nos places, et ils ont conquis et ravagé notre territoire. Malgré des ressources que toutes les nations réunies n'auroient pu rassembler, la dette nationale s'est accrue dans une proportion effroyable; tous les liens politiques et sociaux sont dissous; la piété filiale et le respect pour la vieillesse ne sont plus que des préjugés; l'adoration de l'Être suprême n'est plus qu'un

---

prodiguées à la municipalité, le vol du Garde-Meuble, les vols faits par des fonctionnaires publics, dans les visites nocturnes et dans les appositions de scellés, ceux qui ont été faits aux prisonniers et aux massacrés; les monopoles exercés sur la vente du mobilier des maisons royales et des émigrés, etc., etc., etc., on auroit peine à croire qu'une bande de coquins, couverts du masque du patriotisme, aient pu s'abandonner impunément à de pareils excès.

objet de risée, et le Dieu des mondes, après avoir été outragé (s'il peut l'être) pendant tant de siècles par des pontifes imposteurs, avares et sanguinaires, et par les prêtres du mensonge, ne reçoit plus pour hommage que des blasphèmes contre son existence, et pour culte que le refus de lui en rendre aucun.

L'agriculture, privée de forces, est en langueur; l'espèce de tous les bestiaux est rare, appauvrie, dégradée; les haras sont détruits, et l'année prochaine les chevaux manqueront aux armées et dans nos campagnes : le commerce expirant ne consiste plus que dans un détail usuraire; les manufactures touchent à leur ruine totale; et, si nous n'avions pas six cent mille hommes sur pied, il y a long-temps qu'elles auroient suspendu leurs travaux. Elles ne s'alimentent plus, ainsi que nos ateliers, que de leur propre substance; les arts utiles sont en stagnation; les arts de luxe sont anéantis; les beaux-arts n'ont plus de véhicule ; l'industrie françoise est à deux doigts de sa perte. Au milieu de ce gouffre de maux, nous sommes devenus l'horreur des nations, qui devront néanmoins un jour leur délivrance à tant de calamités, et le prix de la plus chétive subsistance est hors de la portée des dix-neuf vingtièmes des individus de la République.

Peuple françois! cesse de t'aveugler; c'est de cet état affreux qu'il faut sortir triomphant; c'est du fond de cet abîme qu'il faut voler à la victoire. L'entreprise est audacieuse, mais elle est digne de toi si tu veux être libre pour te régénérer quand tu auras vaincu. Tant de crimes n'auront pas été commis à pure perte; ils t'éclaireront désormais du flambeau de l'expérience. Que ton courage s'élève au-dessus de tous les dangers. Regarde avec transport naître, du chaos immonde dans lequel on t'a plongé, de cet océan de fange ensanglantée qu'on a amoncelée autour de toi, les élémens de la liberté et de la prospérité de l'univers. Les principes de tout bien, des mœurs, de l'union fraternelle, de la haine inextinguible des tyrans; tout ce qui peut enfanter le bonheur de l'espèce humaine auroit resté enseveli sous le silence funèbre du despotisme, et le germe de tant de trésors est maintenant développé, et les gens de bien veillent à la garde de ce feu régénérateur : les cœurs et les esprits se sont électrisés; tout a été agité, discuté, publié; les scélérats mêmes qui ont égaré ta marche ont été forcés de parler le langage de la philosophie pour jeter un voile sur leurs intrigues criminelles; ils ont propagé malgré eux sa doctrine en même temps qu'ils entretenoient le fléau de l'anarchie. L'anarchie n'est pas durable, et les principes de notre Constitution sont éternels. Ces perfides agitateurs ont reculé le règne de la félicité publique : Peuple françois! c'est à toi d'en rapprocher l'époque par ton courage. Arme tes mains, peuple innombrable, répands-toi comme un torrent embrasé sur le nord et sur le midi de ton vaste empire; que les hordes d'esclaves stipendiés disparoissent devant toi comme des tourbillons de poussière; poursuis ces barbares jusque dans les retraites de la tyrannie : que les trésors de la Flandre, de la Hollande et de l'Espagne soient versés dans tes mains triomphantes; fais supporter à ces peuples armés contre la liberté du monde tout le fardeau d'une guerre entreprise pour le genre humain. Tous ces prodiges sont en ta puissance : il ne tient qu'à toi de les opérer; mais songe que la plus sévère discipline est l'unique gage de tes succès.

Quand la victoire t'aura ramené dans tes foyers, ordonne à tes mandataires de faire commencer le règne des lois; montre à tes enfans quelles ont été les suites funestes de nos égaremens et de nos crimes; répète-leur sans cesse que la liberté n'est autre chose que le despotisme de la loi; que le vrai bonheur ne peut consister que dans la pratique de toutes les vertus sociales; qu'il ne doit y avoir parmi nous qu'une opinion, celle de la loi, et que la plus légère dissemblance de sentiment à cet égard est le germe d'une faction destructive de l'ordre public. Si quelque audacieux ose tracer une autre route, que le glaive de la justice se lève sur sa tête ; mais que le jour de la mort d'un citoyen coupable soit un jour de deuil pour ses concitoyens. Le jour n'est pas éloigné où tu conviendras que celui qui t'a parlé ce langage, et qui seroit peut-être massacré s'il étoit connu, chérit tout autrement ta gloire et ta prospérité que l'orateur le plus célèbre de la horde jacobite.

FIN.

IMPRIMERIE DE CRAPELET,
rue de Vaugirard, n° 9.